1학년 2학기

# 미리 보는
# 초등 국어
## 교과서

미리 보는 1학년 2학기
# 초등 국어 교과서

초판 1쇄 2017년 8월 21일

엮은이 | 김희진
그린이 | 차은실
펴낸이 | 조영진
펴낸곳 | 고래가숨쉬는도서관
출판등록 | 제406-2012-000082호
주소 | 경기도 파주시 회동길 329 (서패동) 2층
전화 | 031-955-9680~9681 팩스 | 031-955-9682
홈페이지 | www.goraebook.com
이메일 | goraebook@naver.com

ISBN 979-11-87427-44-5 64700
      979-11-87427-13-1 64700(세트)

**품명** 도서 | **전화번호** 031-955-9680 | **제조년월** 2017년 8월
**제조국명** 대한민국 | **제조자명** 고래가숨쉬는도서관
**주소** 경기도 파주시 회동길 329 2층 | **사용 연령** 7세 이상
＊KC마크는 이 제품이 공통안전기준에 적합하였음을 의미합니다.

1학년 2학기

# 미리 보는
# 초등 국어
# 교과서

엮은이 **김희진** | 그린이 **차은실**

# 미리 보는 초등 국어 교과서를 읽기 전에

우리는 왜 국어 공부를 해야 될까요? 한국인으로서 소통하고, 사고하는 데 큰 역할을 하는 것이 국어입니다. 국어는 우리의 말과 글, 우리 문화를 배우는 중요한 과목입니다. 또한 국어는 내 생각과 다른 사람의 생각을 표현하는 데 가장 편리하고 효과적인 수단입니다. 그리고 다른 과목을 공부하는 데 도움을 주는 과목이기도 합니다.

학교에서 국어를 배우게 된 어린이들은 국어가 시시하다고 생각하기도 합니다. 하지만 어떤 어린이들은 어렵다고 생각하기도 합니다. 그렇다면 국어 공부가 어렵다고 생각하는 친구들은 어떻게 공부해야 할까요? 아마 교과서에 있는 내용을 미리 접해 볼 수 있다면 학교 공부에 대해 자신감을 가질 수 있을 것입니다.

사람의 말은 서로 표현하고 대화하려는 노력 속에서 생겨났습니다. 그런데 말로 하다 보니 약속된 상징, 도구의 필요성이 생겨서 글이 만들어졌답니다. 세종대왕이 나라를 다스리기 전까지 우리나라 사람들은 중국의 한자를 썼습니다. 그런데 쓰는 글이 너무 많고 어려워서 공부를 많이 한 분들도 다 이해하지 못했답니다. 그래서 세종대왕이 사람의 입 모양을 살펴보고 사람들이 살아가는 원리를 적용한 쉽고 과학적인 글자를 만들었습니다. 그것이 우리의 글인 한글입니다.

이렇게 오랜 역사를 가진 한글을 바탕으로 한 국어 공부를 시작하기 전에 국어에 대한 관심과 자신감을 얻을 수 있는 방법은 없을까요? 이런 어린이들의 마음을 살펴서 만든 것이 바로 『미리 보는 초등 국어 교과서』입니다.

이 책은 2017년 새 국어 교과서의 내용을 충실히 반영하였습니다. 국어 교과서는 학기별로 『국어』 2권, 『국어 활동』 1권으로 구성되어 있습니다. 이 책은 『국어』 가 권, 나 권, 그리고 보조 교과서인 『국어 활동』의 내용을 한 권에 모두 담았습니다. 학습 현장에서 공부하는 교과서의 구성에 따라 만들었으므로 교과서의 흐름을 미리 살펴볼 수 있습니다.

『미리 보는 초등 국어 교과서』에는 국어 교과서에 있는 흥미로운 이야기와 언어 사용 영역(듣기 · 말하기 · 읽기 · 쓰기) 그리고 현직 초등학교 선생님이 들려주는 도움말과 친근한 그림들이 담겨 있습니다. 어린이들이 이해하기 쉬운 말과 그림으로 구성되어 있어 읽는 내내 즐겁고, 머릿속에도 쏙쏙 들어옵니다. 재미있게 읽어 나가고, 흥미로운 질문과 놀이 활동에 대답을 하다 보면 자신도 모르게 국어 실력이 쑥쑥 자라는 것을 느낄 수 있을 것입니다.

이 책은 교과서 검토에 참여한 현직 초등학교 교사들이 직접 쓴 책입니다. 교과서의 내용을 충실히 따르면서 학생들이 국어 과목에 관심과 흥미를 느낄 수 있도록 연구하며 이 책을 썼습니다. 『미리 보는 초등 국어 교과서』를 통해 여러분이 국어에 대해 새로운 깨달음을 얻고 국어 과목이 가진 재미를 깨닫기를 기대합니다.

# 차 례

## 이 책의 특징

- 2017년 개정 교과서의 내용을 충실히 반영하였습니다.
- 학교 현장에서 공부하는 교과서의 구성에 따라 만들었습니다.
- 교과서의 구성에 맞게 교과서의 흐름을 미리 살펴볼 수 있도록 하였습니다.
- 캐릭터들이 학습 도우미로 나와 공부하면서 궁금한 점을 같이 해결할 수 있습니다.
- 학생들이 자기 스스로 학습 활동을 해 보며 자기 주도 학습이 가능하도록 구성하였습니다.

## 이 책의 구성과 활용

### 준비하기

단원 학습을 위한 준비 활동을 하고 학습 계획을 세웁니다.

### 기본 학습

단원에서 배워야 할 내용을 익히고 연습합니다.

## 실천 학습

단원에서 배운 내용을 새로운 상황에 적용하고, 단원 학습 내용을 정리합니다.

## 국어 활동

국어 수업 시간에 활용하거나 집에서 공부할 때 활용할 수 있습니다.

## 정리하기

단원 전체 학습에 대해 정리하고 생활 속에서 실천할 수 있는 방안을 생각해 봅니다.

## 학습 도우미

공부하면서 궁금한 점이 생기면 선생님, 염소, 강아지 친구, 토끼 친구들의 이야기를 잘 들으며 공부할 내용을 점검하고 도움을 받을 수 있습니다. 또한 친근하게 공부를 할 수 있어 학생들의 흥미와 재미를 유발하게 합니다.

**학습 목표**  자신이 좋아하는 책을 소개할 수 있어요.

**배울 거리**  책을 읽은 경험 말하기

🍁 **이렇게 배워요**

책을 읽었던 기억을 떠올려 보세요. 친구들의 모습을 보며 책을 읽은 경험을 말해 보세요.

🍁 **선생님과 함께 미리 보는 국어책**

틈날 때마다 아버지께서 책을 읽어 주셨어.

수업 시간에 읽고 싶은 책을 읽었어.

도서관 책 축제 행사에서 도우미가
책을 읽어 주었어.

서점에서 읽고 싶었던 책을 읽었어.

도서관에서 책을 읽었어.

나무 그늘 아래에서 책을 읽었어.

책을 읽었던 기억을 떠올려 보세요.
어떤 책을 읽었나요?
책의 이름을 큰 소리로 말해 보세요.

◉ 주인공 말하기 놀이를 해 보세요.

## 놀이방법

❶ 서너 명씩 모둠을 만듭니다.

❷ 책을 읽은 경험을 떠올립니다.

❸ 가위바위보로 순서를 정합니다.

❹ 순서에 따라 책을 읽은 경험을 몸짓으로 나타냅니다.

❺ 무엇을 나타내고 있는지 손을 들어 말합니다.

❻ 다음 차례의 친구가 놀이를 이어 갑니다.

가위 바위 보

**배울 거리**　글을 읽고 새롭게 알게 된 점 말하기

🍁 **이렇게 읽어요**

「돌잡이」를 읽고 이미 알고 있었던 내용과 글을 읽고 나서 새로 알게 된 내용이 무엇인지 생각해 보세요.

🍁 **선생님과 함께 미리 보는 국어책**

# 돌잡이

　돌잡이는 아이의 첫 생일인 돌에 상 위에 여러 가지 물건을 놓고 무엇을 집는지 보아 장래를 짐작해 보는 풍속입니다. 돌잡이는 돌잔치에서 쌀, 붓, 활, 돈, 실 등을 놓고 아이가 집는 물건에 빗대어 아이의 장래와 성격을 점쳐 보기도 합니다. 돌잔치에는 가족들과 동네 사람들이 모여서 아이가 무엇을 집을지 관심 있게 보았습니다.

　실이나 국수를 잡으면 오래 살 것이라고 여겼고, 대추를 잡으면 자손이 번성하고 쌀을 잡으면 재산을 많이 모을 것이라 여겼고, 활을 잡으면 장수가 될 것이라 여겼고, 바늘을 잡으면 손재주가 뛰어날 거라 여겼고, 책이나 먹, 벼루 등을 잡으면 공부를 잘할 거라 여겼습니다.

　조상들은 아이가 튼튼하고 건강하게 자랐으면 하는 마음으로 아이의 돌잡이를 바라보았습니다.

「돌잡이」를 읽고 내용에 알맞게 선으로 이어 보세요.

돌잔치에서 쌀, 붓, 활, 돈, 실 등을 펼쳐 놓습니다.

실이나 국수를 잡으면 오래 살 것이라고 여겼습니다.

조상들은 아이가 튼튼하고 건강하게 자랐으면 하는 마음으로 아이의 돌잡이를 바라보았습니다.

◎ 「돌잡이」를 읽고 물음에 답해 보세요.

❈ 돌잡이에 놓는 물건은 무엇무엇인가요?

❈ 돌잡이를 하는 까닭은 무엇인가요?

❈ 돌잡이 물건에 따라 어떤 의미가 있나요?

❈ 돌잔치를 가 본 경험이 있는지 말해 보세요.

「돌잡이」에는 어떤 내용이 담겨 있는지
정리해 볼까요? 돌잔치는 언제 했고, 돌잡이는 어떻게
이루어졌는지, 또 돌잡이에 담긴 조상들의 마음은
무엇인지에 대해 쓴 글이에요.

# 여러 가지 공

우리는 공을 차고, 던지고, 치고, 굴리면서 여러 가지 운동을 해. 공으로 하는 운동이 많은 만큼 공의 종류도 가지가지야.

가장 작은 공은 탁구공이야. 가벼워서 이리저리 잘 튀어.

가장 큰 공은 농구공이야. 겉이 오돌토돌해서 잘 미끄러지지 않아.

가장 무거운 공은 볼링공이야. 무겁기 때문에 볼링 핀을 쓰러뜨릴 수 있어.

공 가운데에서 테니스공처럼 털이 있는 공도 있어.

너는 어떤 공을 좋아하니?

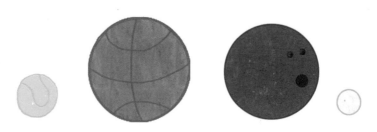

공을 보거나 만졌던 경험을 떠올리며 공의 특성에 대해 생각해 보세요.

◉ 「여러 가지 공」을 읽고 물음에 답해 보세요..

❀ 가장 무거운 공은 어떤 공인가요? ▢

❀ 가벼워서 이리저리 잘 튀는 공은 어떤 공인가요? ▢

❀ 겉이 오돌토돌해서 잘 미끄러지지 않는 공은 어떤 공인가요?
▢

❀ 털이 있는 공은 어떤 공인가요? ▢

> 「여러 가지 공」을 읽고 나면 가장 무거운 공은 볼링공,
> 가벼워서 이리저리 잘 튀는 공은 탁구공, 겉이 오돌토돌해서
> 잘 미끄러지지 않는 공은 농구공, 털이 있는 공은
> 테니스공이라는 것을 알 수 있어요.

◉ 좋아하는 공이 있나요? 그 까닭을 써 보세요.

배울 거리   여러 가지 모양의 책 읽기

## 이렇게 배워요

세상에는 다양한 모양의 책이 많아요. 내가 보았던 여러 가지 모양의 책을 떠올려 보면서 친구들이 만나는 다양한 책을 살펴보세요.

## 선생님과 함께 미리 보는 국어책

병풍처럼 펼칠 수 있어요.

책을 펼치면 솟아올라요.

친구들은 주변에서 어떤 모양의 책을 보았나요?
굉장히 다양한 모양의 책이 많은데요. 책을 펼치면 속 안의 내용이
저절로 튀어나오는 입술 책, 종이를 지그재그로 접어서 길게 펼칠 수
있는 방식의 병풍 책, 종이의 윗부분을 펀치로 뚫은 후에 고리를 끼워
연결한 고리 책, 여러 장의 색지를 일정한 간격으로 띄어 놓고
접어서 만든 계단 책 등이 있어요.

내가 만난 여러 가지 모양의 책을 떠올려 보고 주변에서 찾아보세요.

◉ 재미있게 읽은 책을 떠올려 보세요.

 책 제목

_____

지금까지 가장 재미있게 읽은 책은 무엇인지 떠올려 볼까요?
꼭 이야기책이 아니어도 돼요. 그림책, 시집, 과학책 등
다양한 책 중에 가장 재미있게 읽었던 책을 떠올려 보세요.

◉ 책 제목 말하기 놀이를 해 보세요.

❶ 선생님이 어떤 책의 제목을 세 가지 말하라는 문제를 냅니다.
❷ 학생은 양쪽으로 나누어서 먼저 책 제목을 세 가지 말하는 팀
이 이깁니다.
❸ 기회를 얻은 쪽이 말을 하고, 알아맞히지 못하면 기회는 넘어
갑니다.
(예) 교사 : 동물이 나오는 책 제목을 세 가지 말하세요.
　　 학생 : 「토끼와 거북이」, 「은혜 갚은 두꺼비」,
　　　　　 「아기 돼지 삼 형제」

책을 읽을 때 재미있다고 생각한 까닭은 무엇인지 생각해 보세요.

**되돌아보기** 좋아하는 책을 색칠해 보기

## 🍁 이렇게 배워요

1단원에서는 책을 읽은 경험을 떠올리고, 글을 읽고 재미있는 부분과 새롭게 알게 된 점 말하기, 재미있게 읽은 책을 소개하는 방법을 배웠어요. 책을 읽고 재미있는 부분이나 새롭게 알게 된 점을 찾아보세요. 그리고 좋아하는 책을 그리고 색칠해 보세요.

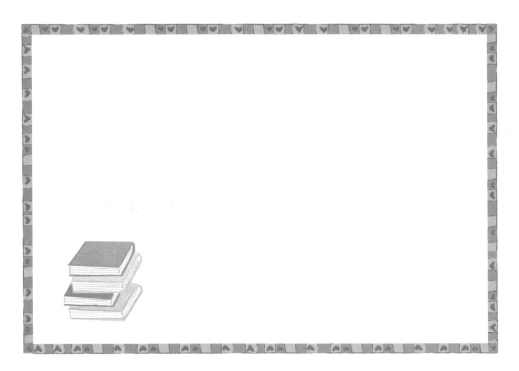

좋아하는 책을 가족에게 소개해 보세요.

학습 목표   소리와 모습을 나타내는 말을 바르게 읽을 수 있어요.

배울 거리   흉내 내는 말의 재미 느끼기

🍁 이렇게 배워요

「동물 농장」을 듣고 따라 불러 보면서 동물들의 소리를 흉내 낸 말을 찾고 소리를 바꾸어 불러 보세요.

🍁 선생님과 함께 미리 보는 국어책

노래에 나온 흉내 내는 말

## 내가 바꾼 흉내 내는 말

꼬꼬꼭, 꼬꼬댁 꼬꼬꼬

꾸이익, 끼아악

매애애, 미애애

음머어, 음무우

그림 속 물건이 어떻게 움직이는지 생각해 보세요.

그림 속 회전목마와 오뚝이, 농구공이
움직이는 모습을 표현해 볼까요?
-회전목마는 돌아갑니다.
-오뚝이는 쓰러질 것 같지만 쓰러지지 않아요.
-농구공은 튀어 오릅니다.

자신이 상상한 모습을 흉내 내는 말로 써 보세요.

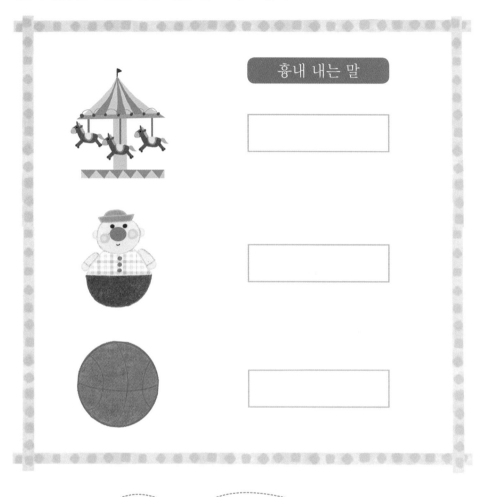

흉내 내는 말

흉내 내는 말을 생각해 보세요.
- 회전목마는 '빙글빙글' 돌아갑니다.
- 오뚝이는 '흔들흔들' 움직입니다.
- 농구공은 '팡팡' 튀어 오릅니다.

움직이는 모습을 상상해 보세요.

**배울 거리**　흉내 내는 말을 넣어 문장 만들기

🍁 **이렇게 배워요**

　'야옹야옹', '성큼성큼'과 같이 소리나 모습을 표현한 말을 흉내 내는 말이라고 해요. 그림을 보고 어떤 소리가 날지, 어떤 모습일지 생각해 보세요. 그림을 보고 보기 에서 흉내 내는 말을 찾아 써 보세요.

🍁 **선생님과 함께 미리 보는 국어책**

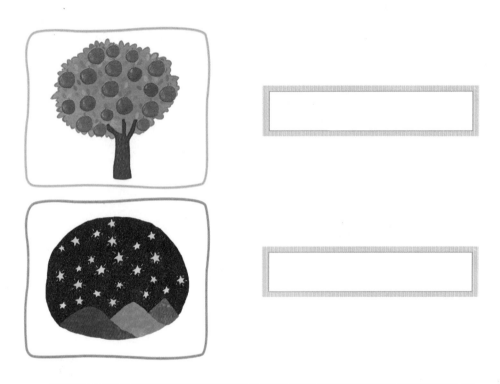

| 보기 | 멍멍　　반짝반짝　　주렁주렁　　음매에　　다닥다닥 |

사과나무에 사과가 주렁주렁 매달려 있고,
밤하늘의 별이 반짝반짝 밝게 빛나는 그림이에요

보기 에서 흉내 내는 말을 찾아 써 보세요.

보기    주룩주룩   엉엉   쨍쨍   씽씽   쑥쑥   엉금엉금   활짝

해바라기가 [ ] 싹을 틔웠습니다.

비가 [ ] 내렸습니다.

햇볕이 [ ] 내리쬐었습니다.

해바라기는 꽃을 [ ] 피웠습니다.

흉내 내는 말을 넣어 동생의 얼굴 표정을 나타내어 보세요.

신기한 이야기를 들으면
두 눈이 [      ] 빛납니다.

슬픈 이야기를 들으면
[      ] 웁니다.

재미있는 이야기를 들으면
[      ] 웃습니다.

동생의 집중하는 모습, 우는 모습,
웃는 모습을 나타내고 있네요. 소리나 모양을 흉내 내는
말을 넣어 문장을 완성해 볼까요?

**배울 거리**   소리나 모습을 떠올리며 시 읽기

🍁 **이렇게 읽어요**

시 「달리기」 속에 들어 있는 흉내 내는 말을 찾아보고 흉내 내는 말이 어떤 느낌을 주는지 생각해 보며 읽어 보세요.

🍁 **선생님과 함께 미리 보는 국어책**

# 달리기

준비!
가슴이 벌렁벌렁

삑!
내 발이 다다다다
바람이 씽씽

나도
친구도
헉헉헉.

◉ 「달리기」에서 흉내 내는 말을 모두 찾아보세요.

◉ 그림에 맞게 「달리기」에서 흉내 내는 말을 찾아 써 보세요.

| | | 달리기할 때 출발 신호를 기다리며 긴장하는 마음이 느껴지게 하는 말이에요. |
| | | 힘찬 호루라기 소리가 들리는 느낌이 들어요. |
| | | 빨리 달리고 싶어서 걸음을 재빨리 움직이는 느낌이 들어요. |
| | | 숨이 차서 매우 힘이 드는 느낌이 들어요. |

**짝과 함께 흉내 내기 놀이를 해 보세요.**

 **놀이방법**

① 두 사람씩 짝을 정합니다.

② 가위바위보로 이긴 쪽이 카드를 뽑습니다.

③ 카드를 뽑은 사람이 흉내 내는 말을 몸으로 표현합니다.

④ 다른 친구가 어떤 낱말인지 알아맞힙니다.

⑤ 역할을 바꾸어서 해 봅니다.

흉내 내는 말은 글을 읽을 때 소리나 모습을
잘 떠올릴 수 있게 해 주어요. 흉내 내기 놀이를 하며
다양한 흉내 내는 말의 뜻을 표현하며 놀다 보면
흉내 내는 말과 더욱더 친해질 수 있을 거예요.

**배울 거리**   여러 가지 받침이 있는 낱말 알기

🍁 **이렇게 배워요**

글자를 받침이 있는 것과 받침이 없는 것으로 나누어 보세요. 그리고 받침 있는 글자 중 받침이 두 개 있는 글자를 찾아서 풀어쓰는 연습을 해 보세요. 초록색 받침을 살펴보며 다음 글을 읽어 보세요.

🍁 **선생님과 함께 미리 보는 국어책**

| | 나 | 는 | | 모 | 래 | | 놀 |
|---|---|---|---|---|---|---|---|
| 이 | 터 | 에 | | 앉 | 아 | 서 | |
| 친 | 구 | 와 | | 놀 | 았 | 다 | . |
| 우 | 리 | 는 | | 모 | 래 | 성 | 을 |
| 많 | 이 | | 쌓 | 았 | 다 | . | |

🔘 글자의 짜임을 알아보세요.

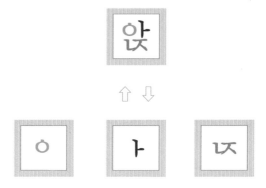

글자를 자음자와 모음자로 풀어써 보세요.

몫 = ㅁ + ㅗ + ㄱㅅ

없 = ㅇ + ㅓ + ㅂㅅ

있 = ㅇ + ㅣ + ㅆ

글자의 짜임을 알아볼까요?
'몫'이라는 글자는 자음자 'ㅁ'과 모음자 'ㅗ'에 받침인 'ㄱㅅ'
으로 이루어져 있어요. '없'이라는 글자는 자음자 'ㅇ'과 모음자
'ㅓ'에 받침인 'ㅂㅅ'으로 이루어져 있고요. '있'이라는 글자는
자음자 'ㅇ'과 모음자 'ㅣ'에 받침인 'ㅆ'으로 이루어져 있어요.

◎ 'ㄲ' 받침이 있는 낱말을 써 보세요.

| 떡 | 볶 | 이 |
|---|---|---|

| 볶 | 음 | 밥 |
|---|---|---|

| 낚 | 다 |
|---|---|

| 묶 | 다 |
|---|---|

| 꺾 | 다 |
|---|---|

낱말을 따라 써 보세요.

끊 다

여 덟

쌓 다

값

받침 있는 글자들을 더 찾아보세요.
같은 자음자가 두 개인 것과 서로 다른 자음자가
두 개인 받침에 대해 알아보세요.

배울 거리   끝말잇기하기

끝말잇기에 알맞은 낱말을 써 보세요.

| 학교 | — | 교통 | — | |
|---|---|---|---|---|

| 장미 | — | | — | 역사 |
|---|---|---|---|---|

| 사진기 | — | | — | 차도 |
|---|---|---|---|---|

| 도화지 | — | 지팡이 | — | |
|---|---|---|---|---|

| 음식 | — | 식판 | — | |
|---|---|---|---|---|

보기 와 같이 앞 낱말의 끝 글자로 시작하는 낱말을 써 보세요.

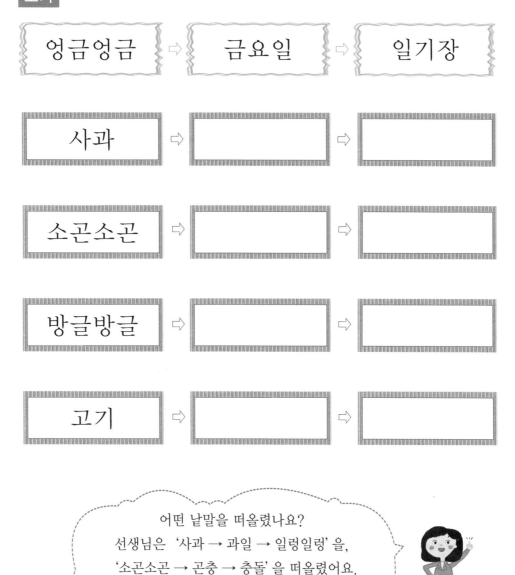

보기

| 엉금엉금 | ⇨ | 금요일 | ⇨ | 일기장 |

| 사과 | ⇨ | | ⇨ | |

| 소곤소곤 | ⇨ | | ⇨ | |

| 방글방글 | ⇨ | | ⇨ | |

| 고기 | ⇨ | | ⇨ | |

어떤 낱말을 떠올렸나요?
선생님은 '사과 → 과일 → 일렁일렁'을,
'소곤소곤 → 곤충 → 충돌'을 떠올렸어요.
또 '방글방글 → 글자 → 자라'를
'고기 → 기차 → 차림'을 떠올렸어요.

💠 끝말잇기 방법을 알아보세요.

## 놀이방법

❶ 시작할 사람을 가위바위보로 정합니다.

❷ 가위바위보에서 이긴 사람은 떠오르는 낱말을 말합니다.

❸ 그다음 사람은 앞사람이 말한 낱말의 끝 글자로 시작하는
   낱말을 말합니다.

❹ 낱말을 계속해서 말한 사람이 이깁니다.

❺ 그다음 끝말잇기는 진 사람부터 시작합니다.

끝말잇기를 하면 낱말을 많이 알게 되고,
몰랐던 낱말의 뜻을 잘 알게 되지요.

**되돌아보기** 그림에 알맞은 낱말을 찾아 선으로 이어 보세요.

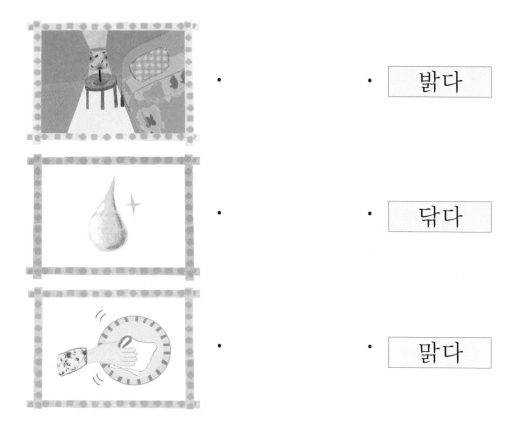

·          · 밝다

·          · 닦다

·          · 맑다

학교에서 들리는 소리나 보이는 모습을 흉내 내어 보세요.

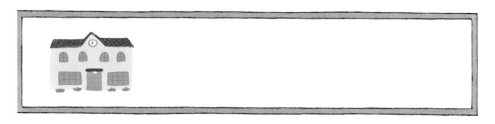

먼저 어떤 소리가 들리는지, 어떤 모습이 보이는지
정리하고, 소리나 모습을 나타내는 흉내 내는 말을
이용해 표현해 볼까요?

**학습 목표**   자신의 생각을 문장으로 표현할 수 있어요.

**배울 거리**   알맞은 말을 넣어 문장 만들기

🍁 이렇게 배워요

그림을 자세히 관찰하고 그림에서 보이는 것을 알맞은 문장으로 말해 보세요. 누가 무엇을 하고 있는지를 생각하며 그림을 살펴보세요.

🍁 선생님과 함께 미리 보는 국어책

◌ 보기 의 말을 사용해서 그림에 알맞은 문장을 만들어 보세요.

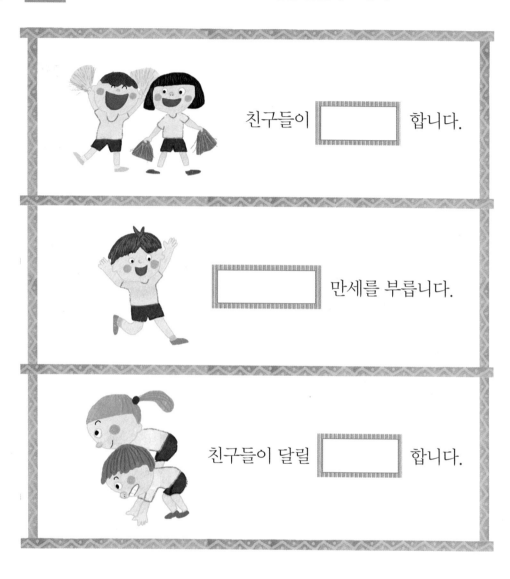

친구들이 [　　　] 합니다.

[　　　] 만세를 부릅니다.

친구들이 달릴 [　　　] 합니다.

보기　　　남자아이가　　　응원을　　　준비를

◉ 그림의 내용을 문장으로 나타내어 보세요.

아이들이 줄넘기를 (　　　　　　).

(　　　　　　) 넘어졌습니다.

친구들이 (　　　　　　) 응원합니다.

🌼 모여라 낱말 놀이를 해 보세요.

## 놀이방법

❶ 그림 카드 여섯 장을 엎어 놓고 가위바위보를 합니다.

❷ 이긴 사람이 먼저 그림 카드를 뒤집어 보고 문장을 만듭니다.

❸ 그다음 이긴 사람도 그림 카드를 뒤집어 보고 문장을 만듭니다.

❹ 그림 카드에 알맞은 문장을 계속 만드는 사람이 이깁니다.

그림 카드를 구하기가 힘들다면,
여섯 장의 종이에 낱말을 써서 글자 카드를 만들어도
좋아요. 예를 들면 "동생이, 준비물을, 담았다,
있습니다, 나는, 학교에서"와 같이 각각의 여섯 장의
종이에 이렇게 낱말을 쓰고 엎어 놓은 뒤
모여라 낱말 놀이를 해 보세요.

**배울 거리**  문장 부호의 쓰임을 알고 문장을 바르게 쓰기

🍁 **이렇게 읽어요**

문장을 쓸 때 문장 부호를 잘못 사용하면 읽는 사람이 뜻을 쉽게 알기가 어려워요. 문장 부호의 쓰임을 생각하며 「마술사」를 읽어 보세요.

🍁 **선생님과 함께 미리 보는 국어책**

## 마술사

마술사가 공연을 시작했습니다.

'어떤 마술을 보여 줄까?'

우리는 궁금했습니다.

"여러분, 모두 여기를 보세요."

"모자 속에 무엇이 들어 있을까요?"

마술사의 한마디에 모두 숨죽여 기다렸습니다.

펑!

"토끼가 나왔네요!"

우리는 모두 박수를 쳤습니다.

문장 부호를 찾아보세요.
어떤 문장 부호들이 보이나요?

◉ 「마술사」에서 따옴표가 쓰인 부분을 찾고, 따옴표의 쓰임에 맞게 읽어 보세요.

| 따옴표가 쓰인 부분 | 따옴표의 종류 | 따옴표의 쓰임새 |
|---|---|---|
| '어떤 마술을 보여 줄까?' | 작은따옴표 ' ' | 인물이 마음속으로 한 말을 적을 때 씁니다. |
| "여러분, 모두 여기를 보세요." | 큰 따옴표 " " | 인물이 소리 내어 말한 것을 적을 때 씁니다. |

◉ 따옴표를 바르게 써 보세요.

| ' | , |     | " | " |
|---|---|---|---|---|
| ' | , |     | " | " |

◉ 따옴표의 쓰임에 맞게 「마술사」 속 인물의 말을 읽는 방법을 생각해 보세요.

| 인물의 말 | 알맞게 읽는 방법 |
|---|---|
| '어떤 마술을 보여 줄까?' | 아무도 듣지 못하는 마음속의 말처럼 작게 읽는다. |
| "여러분, 모두 여기를 보세요." | 많은 사람이 듣고 자기를 보도록 크게 읽는다. |

빈칸에 알맞은 따옴표를 넣어 보세요.

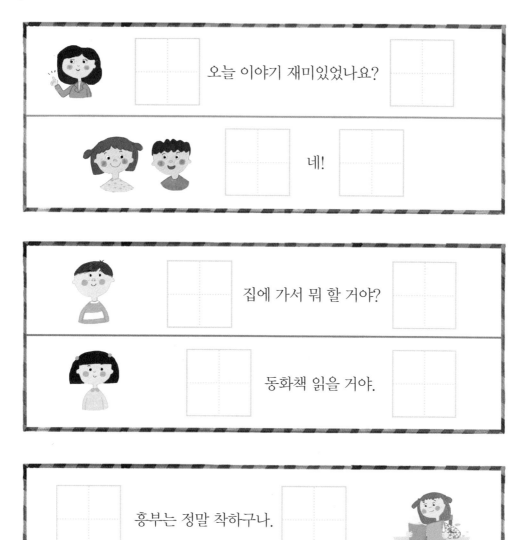

오늘 이야기 재미있었나요?

네!

집에 가서 뭐 할 거야?

동화책 읽을 거야.

흥부는 정말 착하구나.

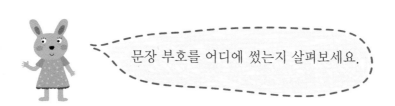

문장 부호를 어디에 썼는지 살펴보세요.

## 배울 거리   생각을 문장으로 나타내기

### 🍁 이렇게 배워요

생각이 말로 안 떠올라서 답답했던 경험이 있나요? 친구들의 대화를 살펴
보고 내 생각을 문장으로 나타내는 방법에 대해 알아보세요. 그림을 보고
어떤 일이 일어났는지 살펴보세요.

### 🍁 선생님과 함께 미리 보는 국어책

주워……. 고마…….

남자아이가 여자아이에게 할 말이 있는 것 같아요.
그런데 자신의 생각이나 마음을
말로 잘 표현하지 못하고 있네요.

◉ 그림 속 상황을 보며 상황에 맞는 인물의 생각을 알아보세요.

❀ 남자아이는 어떤 말을 하고 싶었을까요? (　　　)

① 책을 얼른 주워 줄래?

② 주운 책은 내 것이 아니야.

③ 뭘 보고만 있는 거야? 빨리 줘.

④ 책을 주워 주어서 고마워.

⑤ 내가 고맙다고 말할 줄 알았니?

❀ 여자아이가 어리둥절한 표정을 지은 까닭은 무엇인지 생각해 보세요.

❀ 생각을 말로 잘 표현하지 못한 경험이 있다면 떠올려 보세요.

우물쭈물하다가 하고 싶은 말을
하지 못했던 경험을 떠올려 보세요.

◉ 생각을 말로 표현하지 못한 경험을 들어 보세요.

친구한테 물건을 빌려 달라는
말을 잘 못 한 적이 있어요.

어떻게 말을 시작해야 할지
모를 때가 있었어요.

생각은 있는데 어떻게 말할지
생각나지 않은 적이 있어요.

그림 속 인물들과 비슷한 경험을 떠올려 보세요.
친구의 발을 밟았는데 너무 미안해서 제대로
사과를 못 했던 일이나 선생님께 고맙다고
말씀드리고 싶었는데 수줍어서 제대로 표현을
못했던 일 등 내 생각을 제대로 표현하지 못했던
경험을 떠올려 보세요.

◉ 그림을 보고 물음에 답해 보세요.

아이, 정말······.

◉ 누구에게 어떤 말을 해야 할까요?

(      )에게 (      ) 라고 해야 해요.

◉ 알맞게 말한 것을 찾아 ○표 하세요.

엄마, 창문 좀 열어요.

엄마, 더워요. 창문을 열어 주세요.

🔅 그림을 보고 말 붙이기를 하여 문장을 자세히 써 보세요.

| | 배가 아팠다. |
|---|---|
| 왜 아팠지? | ⬜ 을/를 ⬜ (아)서/(어)서 배가 아팠다. |
| 어떻게 아팠지? | ⬜ 을/를 ⬜ (아)서/(어)서 배가 ⬜ 듯이 아팠다. |

**배울 거리**  여러 개의 문장으로 표현하기

🍁 이렇게 배워요

그림을 보고 내용을 파악하고 그림의 내용을 문장으로 자세하게 나타내는 활동을 해 보세요.

🍁 선생님과 함께 미리 보는 국어책

◉ 그림 속 내용을 확인해 보세요.

✿ 계절은 언제인가요? ⬜

✿ 장소는 어디인가요? ⬜

✿ 누가 있나요? ⬜

✿ 사람들은 무엇을 하고 있나요? ⬜

✿ 사람들의 기분은 어때 보이나요? ⬜

> 그림에 나타난 상황을 정리해 보세요.
> 계절은 언제인지, 장소는 어디인지, 그림에 나오는 인물은 누구, 누구인지, 사람들은 무엇을 하고 있는지, 기분이 어떤 것 같은지 그림을 자세히 보고 상황을 말이나 글로 표현해 보세요.

◉ 여러 문장을 만드는 방법을 알아보세요. ㉮와 ㉯를 비교해 보세요.

**단풍이 물든 모습을 표현할 때**

㉮

단풍이 물들었습니다.

㉯

단풍이 들었습니다. 나뭇잎이 꽃잎처럼 보입니다.

> 한 장면을 보고 여러 개의 문장으로 표현하니 모습이 생생하게 떠올라요.

◉ 보기 에서 알맞은 말을 골라 넣어 그림 속 상황을 설명하는 문장을 완성해 보세요.

_____ 김밥을 먹습니다.

모두 즐겁게 _____ .

호수가 _____ .

사람들이 _____ 탑니다.

_____ 바람에 흔들립니다.

나뭇잎이 아래로 _____ .

보기   동생이   웃습니다   떨어집니다   잔잔합니다   배를   나무가

보기 에 있는 낱말을 빈칸에 넣어 보고
문장이 바르게 완성되는 것을 찾아보세요.

◉ 그림에 어울리는 낱말을 써 보세요.

끓다

넓다

옮기다

밝다

읽다

흙

◌ 그림에 어울리는 낱말을 넣어 문장을 써 보세요.

어머니께서 볶음밥 을 만들어 주셨습니다.

아버지께서 달걀을 삶아 주셨습니다.

생각이나 느낌을 나타내는 문장에 색칠해 보세요.

사자는 정말
지혜로워요.

원숭이가
말했어요.

여기에 있는
잎을 먹고
싶어요.

원숭이는
나뭇잎을
좋아해요.

책이
재미있어요.

기린은
잠을 자고
싶어 해요.

실제로 있었던 일이나 경험한 일은
생각이나 느낌이 달라요. 어떻게 생각하는지, 무엇을
느꼈는지를 나타내는 문장을 찾아보세요.

**되돌아보기** 문장 부호를 알맞은 곳에 써 보기

🍁 이렇게 배워요

3단원에서는 문장 부호를 쓰임에 맞게 쓰고, 문장의 내용을 분명하고 자세하게 나타내는 방법에 대해 배웠어요. 문장 부호를 알맞은 곳에 써 보고 겪었던 일을 여러 개의 문장으로 표현해 보세요.

◉ 문장 부호를 알맞은 곳에 따라 써 보세요.

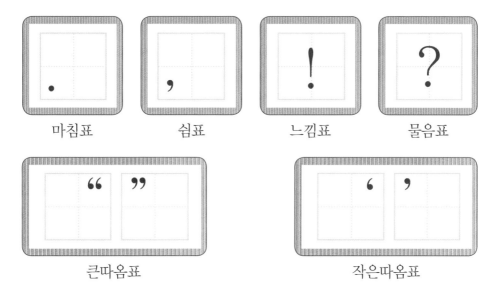

| 마침표 | 쉼표 | 느낌표 | 물음표 |

큰따옴표                작은따옴표

◉ 공부한 내용을 스스로 점검해 보세요.

| | | |
|---|---|---|
| 문장 부호를 알맞게 넣어 문장을 쓸 수 있나요? | 예 | 아니요 |
| 자신의 생각을 자세하고 분명하게 나타내는 문장을 쓸 수 있나요? | 예 | 아니요 |
| 따옴표를 이용해 글을 쓸 수 있나요? | 예 | 아니요 |
| 어떤 상황이나 모습을 보고 여러 가지 문장을 만들 수 있나요? | 예 | 아니요 |

**학습 목표**　바른 자세로 자신 있게 말할 수 있어요.

**배울 거리**　여럿이 함께 들을 때의 예절 알기

🍁 **이렇게 배워요**

여럿이 함께 들을 때의 바른 예절에 대해 생각해 보며 친구들의 모습을
살펴보세요.

🍁 **선생님과 함께 미리 보는 국어책**

◎ 그림을 보며 물음에 답해 보세요.

❀ 선생님 말씀을 열심히 듣고 있는 사람은 누구일까요?

❀ 선생님 말씀을 열심히 듣지 않는 사람은 누구일까요?

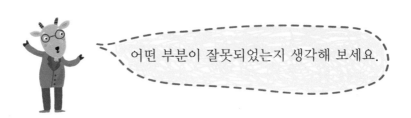
어떤 부분이 잘못되었는지 생각해 보세요.

🌸 동물원에서 설명을 들을 때에는 어떻게 행동해야 할까요? 바른 행동에는 O를 그렇지 않은 행동에는 X를 하세요.

| | |
|---|---|
| 친구끼리 장난을 치면 안 됩니다. | |
| 선생님 허락 없이 다른 곳으로 가면 안 됩니다. | |
| 신기한 것을 발견하면 바로 뛰어갑니다. | |
| 선생님이 설명하실 때 자기 말을 하면 안 됩니다. | |
| 선생님이 말씀하시기 전에 내가 하고 싶은 말을 먼저 다 합니다. | |
| 선생님을 바라보며 설명을 귀담아 듣습니다. | |

여럿이 함께 들을 때는 다른 친구와 떠들거나 장난치지 않아야 하고, 말하는 사람의 이야기를 중간에 끊으면 안 돼요. 또 말하는 사람을 쳐다보며 집중해서 들어야 해요.

여럿이 함께 들을 때의 예절에 대해 알아보며 다음 그림에서 들을 때의 예절을 지키지 못한 아이를 찾아보세요.

뒤돌아서 떠드는 남자아이는 들을 때의 바른 예절을 지키고 있지 않아요. 여럿이 들을 때는 다른 친구와 떠들거나 장난치지 않아야 해요. 책상에 엎드려 낙서를 하고 있는 여자아이는 들을 때의 바른 예절을 지키지 않고 있어요. 여럿이 함께 들을 때는 말하는 사람을 쳐다보며 집중해서 들어야 해요.

◉ 그림을 보고 선생님 말씀을 잘 듣고 있는 아이를 찾아보세요.

현장 체험 학습을 가기 위해 가방을 싸려고 합니다. 선생님의 말씀에 따라 가방을 싼 아이는 누구인지 찾아 ○표를 해 보세요.

아이들의 가방을 잘 살펴보세요.
선생님이 꼭 가지고 오라고 말한 것들이 다 들어 있나요?
가방 속에 없는 것이 있는지 찾아보세요.

바르게 듣는다는 것이 무엇인지 알맞은 것에 ○표를 해 보세요.

🌸 자세를 바르게 한다는 뜻입니다. (      )

🌸 자세를 바르게 하고 귀 기울여 이야기를 듣는다는 뜻입니다. (      )

🌸 자세는 바르지 않지만 귀 기울여 이야기를 듣는다는 뜻입니다. (      )

**배울 거리**  듣는 이를 바라보며 자신 있게 말하기

## 🍁 이렇게 배워요

다른 사람들 앞에서 발표를 하거나 말을 할 때는 자신 있게 말해야 해요. 듣는 이를 바라보며 자신 있게 말하는 방법에 대해 생각해 보며 자신 있게 말하는 친구의 모습을 살펴보세요.

## 🍁 선생님과 함께 미리 보는 국어책

고개를 들고 말한다.

듣는 이를 바라보며 말한다.

바른 자세로 서서 말한다.

모든 사람이 들을 수 있게
큰 소리로 말한다.

자신이 잘하는 것을 떠올려 빈칸에 그림을 그리고 문장으로 써 보세요.

"저는 밥을 잘 먹어요!"

"저는 아침에
일찍 일어나요."

"저는 동물 흉내를
잘 낼 수 있어요!"

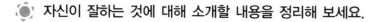 자신이 잘하는 것에 대해 소개할 내용을 정리해 보세요.

저는 피아노를 잘 칩니다.

처음 피아노를 배울 때에는 악보를 보는 것이 어려웠지만,

매일 연습하다 보니 피아노 치는 것이 재미있습니다.

피아노를 잘 치려면 조금씩이라도

매일 연습하는 것이 중요합니다.

내가 잘하는 것은 무엇인지, 이것을 잘하게 된 까닭은
무엇이고, 친구들에게 잘할 수 있는 방법이 무엇인지에 대해
알려 줄 수 있는 내용을 정리해 보세요.

나는 그림을 잘 그려.
매일 꾸준히 그림을 그리고 색에 대해
연구를 했더니 잘 그리게 되었어.

◉ 앞에서 정한 내용을 친구들 앞에서 소개해 보세요.

소개할 때는 듣는 이를 바라봐야 해.

소개를 들을 때는 말하는 이를
바라보며 귀를 기울여야 해.

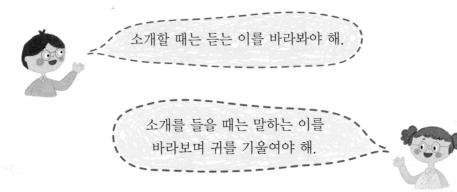

◉ 친구들 앞에서 잘하는 것을 자신 있게 소개해 보고, 잘했는지 스스로 평가해 보세요.

| | |
|---|---|
| 듣는 이를 바라보며 말했나요? | 예　　아니요 |
| 목소리의 크기나 빠르기가 적당했나요? | 예　　아니요 |
| 또박또박 말했나요? | 예　　아니요 |

# 정리하기

**되돌아보기** 자신 있게 말하고 바른 자세로 듣기

🍁 **이렇게 배워요**

4단원에서는 여럿이 함께 들을 때의 예절을 알고 바른 자세로 이야기를 함께 듣는 것에 대해 배웠어요. 그리고 자신 있게 말하는 방법, 잘하는 것을 자신 있게 소개하는 방법에 대해서도 알아보았어요.

💮 **어울리는 내용을 모두 찾아 선으로 이어 보세요.**

| 듣는 이를 바라본다. • |
| :-- |
| 말하는 이를 바라본다. • |
| 또박또박 말한다. • |
| 귀 기울여 듣는다. • |

• 자신 있게 말하기

• 바른 자세로 듣기

수업 시간에 선생님이
설명해 주실 때 바른 자세로 들어야 해요.

부모님과 대화할 때도
바른 자세로 들어야 해요.

박물관에 체험 학습을 가서 설명을
들을 때 바른 자세로 들어야 해요.

학습 목표 　글을 소리 내어 읽을 수 있어요.

배울 거리 　노래를 듣고 재미 느끼기

🍁 이렇게 배워요

동요를 듣고 재미를 느껴 보세요. 노랫말을 듣고 물건의 모습을 떠올리기도 하고, 손뼉을 치며 불러 보세요. 「똑같아요」 노랫말을 들어 보세요. 무엇이 똑같다고 하였나요?

🍁 선생님과 함께 미리 보는 국어책

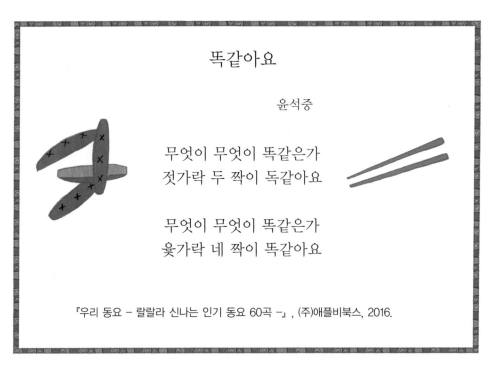

똑같아요

윤석중

무엇이 무엇이 똑같은가
젓가락 두 짝이 똑같아요

무엇이 무엇이 똑같은가
윷가락 네 짝이 똑같아요

『우리 동요 - 랄랄라 신나는 인기 동요 60곡 -』, (주)애플비북스, 2016.

◌ 「똑같아요」 노랫말에서 젓가락 두 짝과 윷가락 네 짝이 똑같다고 한 까닭은 무엇일지 생각해 보세요.

우리 주변에서 젓가락과 윷가락처럼 모양이 같아 짝이 되는 물건을 떠올려 보세요.

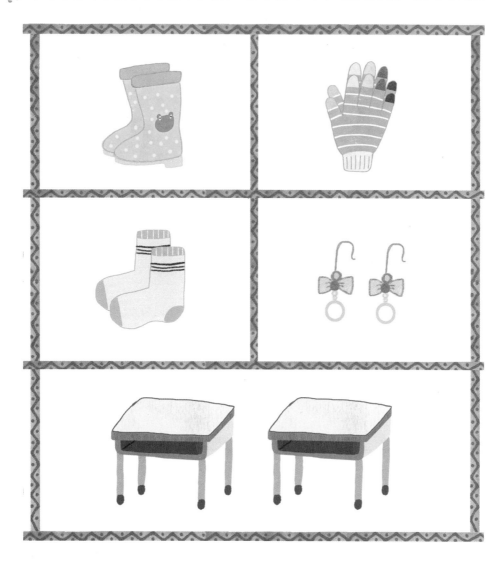

주변에서 짝이 되는 물건을 찾아보세요.
손, 발, 귀 등 우리 몸에 필요한 물건을 찾아보세요.
학교에서 볼 수 있는 짝이 되는 물건도 찾아보세요.

보기 처럼 「똑같아요」의 노랫말을 바꾸어 보세요.

보기

무엇이 무엇이 똑같은가

내 양말 두 짝이 똑같아요

무엇이 무엇이 똑같은가

내 장갑 두 짝이 똑같아요

무엇이 무엇이 똑같은가

|  |
|--|

똑같아요

무엇이 무엇이 똑같은가

|  |
|--|

똑같아요

짝을 이루는 물건을 찾아보세요.

**배울 거리**　알맞은 목소리로 글을 읽어야 하는 까닭 알기

## 🍁 이렇게 배워요

하마와 꾀꼬리가 각각 「공 굴리기」라는 글을 친구들에게 읽어 주었어요.
그런데 친구들의 반응이 다르네요. 왜 그런지 생각해 보며 읽어 보세요.

## 🍁 선생님과 함께 미리 보는 국어책

공 굴리기
학교에서 공 굴리기 놀이를 했다.　짝과　함께 큰 공을
빨리　굴리는 놀이였다.　　나는 호순이와　짝이 되었다.
우리 차례가 되었다. 나와 호순이는 큰 공을 있는 힘껏 굴렸다.　결승점에
왔을 때 우리　편 친구들이 기뻐하는 소리가　들렸다.

공 굴리기
학교에서 공 굴리기 놀이를 했다. 짝과 함께 큰 공을 빨리
굴리는 놀이였다. 나는 호순이와 짝이 되었다. 우리 차례가 되었다.
나와 호순이는 큰 공을 있는 힘껏 굴렸다. 결승점에 왔을 때
우리 편 친구들이 기뻐하는 소리가 들렸다.

하마는 너무 작고 느리게 읽어서
무슨 내용인지 잘 알아듣지 못하겠어요.

꾀꼬리는 알맞은 빠르기와 크기로
또박또박 읽어서 내용이 잘 들려요.

◉ 꾀꼬리처럼 「교통안전」을 읽어 보세요.

🌸 차를 타면 꼭 안전띠를 매요.
🌸 차에서 내리기 전에 좌우를 꼭 살펴요.
🌸 차에서 내릴 때 옷이 문에 끼지 않게 조심해요.
🌸 차에서 내려 길을 건널 때 좌우를 꼭 살펴요.

◉ 나는 「교통안전」을 어떻게 읽었는지 확인해 보세요.

| 알맞은 크기의 목소리로 읽었나요? | 예    아니요 |
|---|---|
| 알맞은 빠르기로 읽었나요? | 예    아니요 |

☉ 어떤 목소리로 읽어서 마음을 표현해야 하는지 서로 연결해 보세요.

여기 왜 샘물이 있지?

하느님, 하느님, 저희를 살리시려거든 굵은 밧줄을 내려 주세요.

내가 동생을 미워하게 □ 건 모두 이 금덩이 때문이야.

**미움**
빠르고 높은 목소리로
성내듯이

**궁금함**
끝을 올려 읽으며
궁금하다는 듯이

**간절함**
떨리는 목소리로
애원하듯이

◉ 다음 글을 읽고, 밑줄 친 부분을 어떤 목소리로 읽어야 하는지 찾아 ○표를 하세요.

나무꾼이 숲에서 나무를 하는데 노루 한 마리가 달려왔습니다.

"나무꾼님, 나무꾼님! 사냥꾼이 쫓아와요. 제발 저를 숨겨 주세요."

나무꾼은 얼른 나뭇단 밑에 노루를 숨겨 주었습니다.

잠시 후 사냥꾼이 헐레벌떡 뛰어왔습니다.

"여보시오, 혹시 노루 한 마리가 이쪽으로 오는 걸 보지 못했소?"

"노루요? 아니요, 여긴 아무것도 오지 않았어요."

사냥꾼은 아쉬워하며 숲으로 사라졌습니다.

"나무꾼님, 목숨을 구해 주셔서 고맙습니다."

노루가 말했습니다.

"나무꾼님, 나무꾼님! 사냥꾼이 쫓아와요.
제발 저를 숨겨 주세요."

| 화가 났다는 듯이 크고 빠른 목소리로 | 다급함이 느껴지는 목소리로 빠르게 | 아주 높은 목소리로 한 글자씩 끊어 읽듯이 |

"노루요? 아니요,
여긴 아무것도 오지 않았어요."

| 바쁜데 자꾸 물어본다는 느낌의 퉁명스러운 목소리로 | 깜짝 놀라서 말하듯이 크고 높은 목소리로 | 느긋하고 편안한 목소리로 |

쫓기다가 도움을 요청할 때에는 다급하고
빠른 목소리로 말을 하고, 아무것도 보지 못했다고 말할 때는
바쁜데 자꾸 물어본다는 느낌의 퉁명스러운 목소리로 말을 해야 돼요.
도움을 준 것에 대해 감사 인사를 할 때에는 크고 분명한 목소리로
감사함이 드러나게 말해야 해요.

"나무꾼님,
목숨을 구해 주셔서 고맙습니다."

| 크고 분명한 목소리로 감사함이 드러나게 | 풀이 죽어 힘 없는 목소리로 | 비꼬는 목소리로 얄밉게 |
| --- | --- | --- |

- 화가 나면 보통 높고 크며 빠른 목소리로 말해요.
- 궁금하면 보통 확인하듯이 말끝을 올리며 말해요.
- 슬프면 보통 낮은 목소리로 천천히 말해요.
- 놀라면 보통 크고 커다란 목소리로 말해요.

**배울 거리**  알맞은 목소리로 이야기 읽기

### 🍁 이렇게 읽어요

알맞은 목소리로 이야기를 읽으려면 어떻게 해야 할지 생각해 보며 인물들의 말을 읽어 보세요.

### 🍁 선생님과 함께 재미있게 읽어 보는 이야기

# 슬퍼하는 나무

새 한 마리가 나무에 둥지를 틀고 고운 알을 소복하게 낳아 놓았습니다.

 이 알을 모두 꺼내 가야지.

 지금은 안 됩니다. 착한 도련님, 며칠만 지나면 까 놓을 테니 그때 와서 새끼 새들을 가져가십시오.

 그럼 그러지.

며칠이 지나 새알은 모두 새끼 새가 되었습니다.

 하나, 둘, 셋, 넷, 다섯 마리로구나. 허리춤에 넣어 갈까, 둥지째 떼어 갈까?

 지금은 안 됩니다. 착한 도련님. 며칠만 더 있으면 고운 털이 날 테니 그때 와서 둥지째 가져가십시오.

 그럼 그러지.

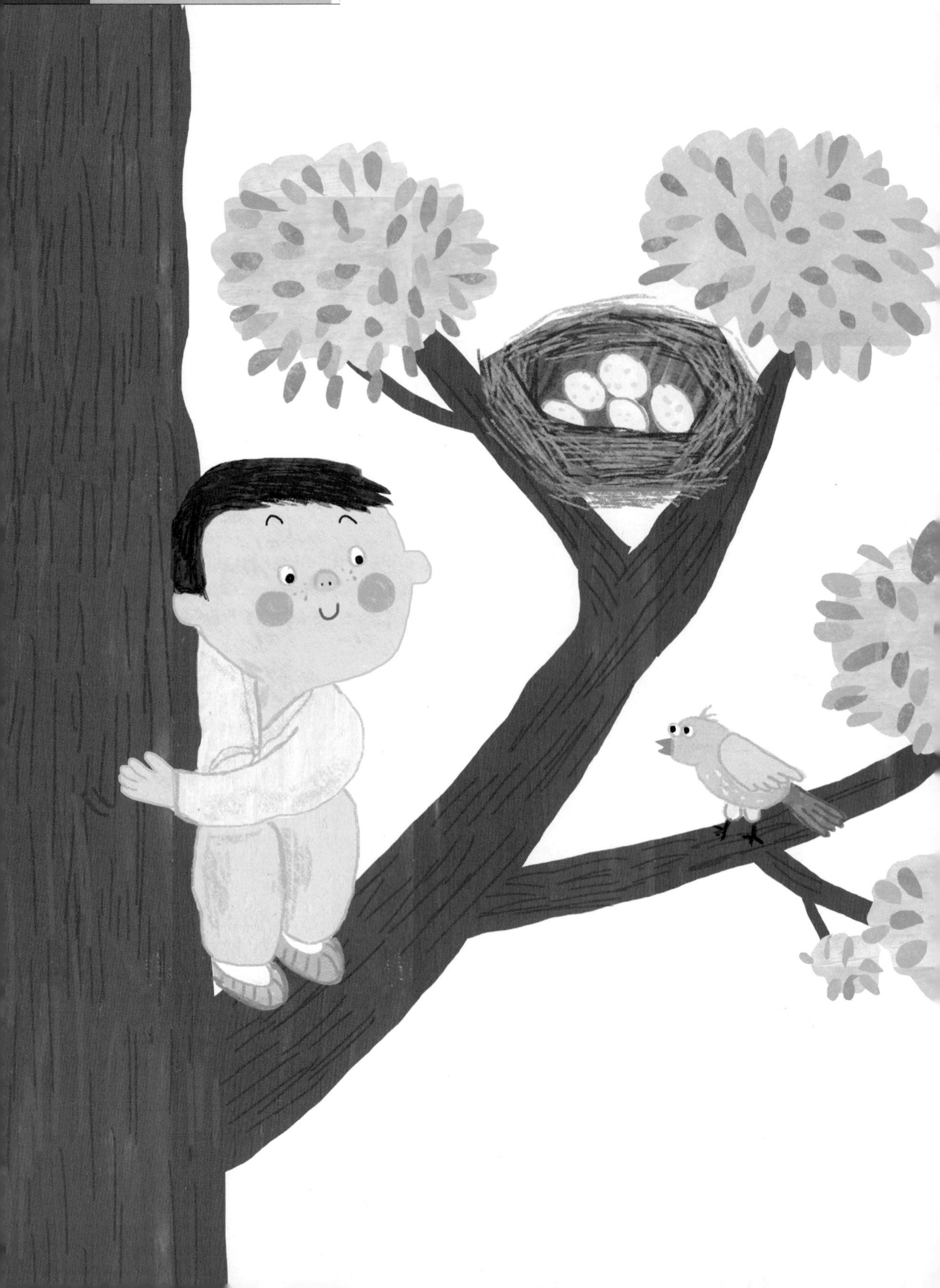

며칠이 지나서 와 보니, 새는 한 마리도 없고 둥지만 달린 나무가 바람에 울고 있었습니다.

 내가 가져갈 새끼 새가 모두 어디 갔니?

 누가 아니? 나는 너 때문에 좋은 친구를 모두 잃어버렸어. 너 때문에!

 알맞은 목소리로 이야기를 읽으려면 어떻게 해야 하는지 알아보세요.

새 한 마리가 나무에 둥지를 틀고 고운 알을 소복하게 낳아 놓았습니다.

일어난 일을 설명하듯이 읽어 봐요.

이 알을 모두 꺼내 가야지.

실감 나게 말하듯이 읽어 봐요.

일어난 일을 설명하듯이 읽어야 하는 곳과
말하듯이 읽어야 하는 곳을 찾아보세요.
"이 알을 모두 꺼내 가야지."는 장난스러운
목소리로 읽어야 해요.

친구들에게 읽어 주고 싶은 글을 찾아 알맞은 목소리로 읽어 보세요.

좋아하는 책을 골라요.

책을 읽어요.

읽어 주고 싶은 부분을 표시해요.

어떤 목소리가 어울릴지
생각하며 읽어요.

알맞은 크기로 읽었는지,
알맞은 빠르기로 읽었는지,
실감 나게 읽었는지 확인해 보세요.

**되돌아보기** 알맞은 목소리로 글을 읽는 방법에 ○표를 해 보세요.

### 🍁 이렇게 배워요

5단원에서는 글의 분위기와 느낌에 알맞은 목소리로 글을 소리 내어 읽는 것에 대해 배웠어요. 글을 읽을 때에는 상황에 맞는 목소리의 크기와 말의 빠르기가 중요해요. 글을 실감 나게 읽어 보세요.

> 글을 읽을 때는 장면과 인물의 마음을 떠올리며
> 알맞은 크기와 빠르기로 읽어야 해요.
> 무조건 큰 소리로 읽는 것은 적절한 읽기 방법이 아니에요.

🔅 동생이나 친구에게 노래하듯이 시를 읽어 주세요.

**학습 목표** 말을 듣고 기분이 좋았던 경험을 말할 수 있어요.

**배울 거리** 말을 듣고 기분이 좋았던 경험 말하기

🍁 이렇게 배워요

말을 듣고 기분 좋았던 경험을 떠올려 보세요. 칭찬이나 고운 말의 좋은 점을 생각해 보면서 동수가 들은 말을 살펴보세요.

🍁 선생님과 함께 미리 보는 국어책

생일 축하해!

생일날 어떤 말을 들었는지 생각해 보세요.

들었던 말 중에 기분 좋았던 말을 생각해 보세요.

공놀이
같이 할래?

노래 참 잘한다!

와, 모자가
참 잘 어울린다.

내 생일을 축하해 주고,
나의 노래 실력을 칭찬해 주고, 함께 놀자고 제안해 준다면
친구에게 어떤 마음이 들지 생각해 보세요.

배울 거리    자신의 기분을 말하는 방법 알기

🍁 이렇게 배워요

기분이 상하거나 갈등 상황에 있을 때 듣는 사람의 기분을 생각하며 자신의 기분을 적절하게 말하는 방법에 대해 알아보세요. 다음 친구들의 모습을 살펴보세요.

🍁 선생님과 함께 미리 보는 국어책

새로 산 장난감인데!

☀ 세현이와 희동이가 어떤 말을 했을지 말해 보세요.

두 사람이 어떤 말을 했을지 상상해 보세요.
아끼던 장난감이 망가지면 어떤 마음이 들고, 친구의 물건을
망가뜨렸을 경우 어떤 마음이 들지 생각해 보세요.

보기 에서 기분을 나타내는 말을 골라 세현이와 희동이가 한 말을 완성해 보세요.

보기    슬퍼요    화나요    미안해요    부러워요

새 장난감이 망가져서
[                    ].

내가 세현이의 장난감을 망
가뜨려 [              ].

세현이의 마음은 속상하고, 울고 싶을 거예요.
희동이는 미안하고 후회하는 마음이 들 거예요.

고운 말을 사용하는 아이를 찾아 ○표 해 보세요.

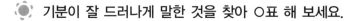 기분이 잘 드러나게 말한 것을 찾아 ○표 해 보세요.

**배울 거리**　듣는 이를 생각하며 기분 말하기

🍁 **이렇게 배워요**

여러 가지 상황에서 듣는 사람의 기분을 생각하며 자신의 기분을 적절하게 말하는 방법에 대해 생각해 보세요.

🍁 **선생님과 함께 미리 보는 국어책**

◉ 듣는 이를 생각하며 기분을 말하는 방법을 알아보세요.

지우야, 우리 책 바꾸어 읽자.

?

솔직한 내 기분을 생각해 본다.

듣는 이의 기분을 생각해 본다.

나도 주인공이 어떻게 될지 궁금해. 더 읽고 나서 서로 바꾸어 읽자.

정리한 생각을 차분하게 말한다.

거절을 하거나 자신의 기분을 말할 때
듣는 사람의 기분을 생각해서 적절하게 말해야 해요.
내가 기분이 나쁘다고 해서 함부로 말을 하면 안 돼요.

듣는 이를 생각하며 자신의 기분을 말하는 활동을 해 보세요.

✿ 다음 상황에서 시형이는 숙제를 해야 한다면, 어떻게 말을 할지 써 보세요.

✿ 다음 상황에서 정민이는 속상한 마음을 어떻게 표현하면 좋을지 써 보세요.

💮 듣는 이를 생각하며 한 말을 찾아 선으로 이어 보세요.

늦어서 미안해.

잃어버린 줄 알았는데
찾아서 다행이다.

미안해. 내 지우개랑
똑같이 생겨서 착각했어.

괜찮아, 다음에는
약속 시간 꼭 지켜 줘.

미안해! 옷 많이
젖었니?

괜찮아.
곧 마를 거야.

고운 말로 인사하기 놀이를 하며 여러 가지 상황에서 사용해야 할 바른 말을 알아보세요.

## 놀이방법

❶ 짝과 가위바위보를 하여 놀이 순서를 정합니다.

❷ 시작하고 싶은 위치에서 주사위를 던져 나온 수만큼 말을 움직입니다.

❸ 장면을 보고 기분 좋게 하는 말을 합니다.

❹ 말하지 못하면 예전 위치로 돌아갑니다.

❺ 한 바퀴를 돌아 시작 위치에 먼저 도착한 사람이 이깁니다.

## 되돌아보기  그림을 보고 어떤 말을 할지 이야기해 보기

🍁 **이렇게 배워요**

6단원에서는 다른 사람의 말을 듣고 기분이 좋았던 경험을 떠올리고 듣는 이를 생각하며 자신의 기분이나 느낌을 말하는 것에 대해 배웠어요. 기분 좋은 말을 들었던 경험을 떠올려 보면 왜 고운 말을 써야 하는지 그 까닭을 알게 될 거예요.

🔆 **그림을 보고 놀부와 흥부가 어떤 말을 할지 이야기해 보세요.**

 흥부야, 그동안 미안했어. 고마워.

 형, 많이 놀랐지?
울지 마. 나랑 같이 행복하게 살자.

**학습 목표**   중요한 내용을 확인하며 글을 쓸 수 있어요.

**배울 거리**   설명하는 대상 알기

🍁 **이렇게 배워요**

알아맞히기 놀이를 하며 설명하는 대상에 대해 생김새나 색깔, 모양 등의 특징을 떠올려 보세요. 그림과 글을 보고 떠오르는 동물을 말해 보세요.

🍁 **선생님과 함께 미리 보는 국어책**

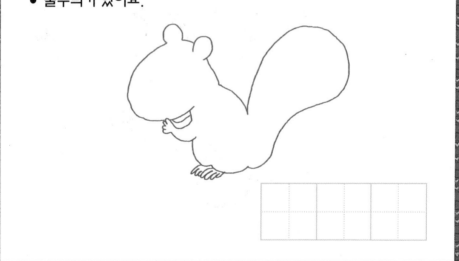

- 나무를 잘 타요.
- 꼬리가 있어요.
- 줄무늬가 있어요.

그림을 보고 떠오르는 동물과
설명을 듣고 떠오르는 동물 중에서 공통적으로
떠오르는 동물을 찾아보세요.

알아맞히기 놀이를 해 보세요.

### 놀이방법

① 친구들에게 설명할 대상을 한 가지 정합니다.
② 설명할 대상의 모양, 크기, 색깔을 떠올립니다.
③ 친구들에게 설명합니다.
④ 설명을 듣고 무엇을 말하는지 알아맞힙니다.

◉ 다음을 읽고 설명하는 대상이 무엇인지 맞춰 보세요.

| |
|---|
| • 다리가 네 개이고, 꼬리가 길어요.<br>• 바나나를 좋아하지요.<br>• 사람의 모습을 닮고 나무를 잘 타요. |

| |
|---|
| • 동그라미를 그리며 움직여요.<br>• 얼굴에 숫자가 있어요.<br>• 길이가 다른 두 개의 바늘이 있어요. |

◉ 과일 알아맞히기 놀이를 해 보세요.

나는 여름에 주로 볼 수 있는 과일입니다. 달콤한 맛이 나기도 합니다. 안에는 씨앗이 들어 있어서 발라내고 먹기도 합니다. 노란색이고 길쭉하게 생겼습니다.

동물, 과일로 알아맞히기 놀이를 해 보세요.
알아맞히기 놀이는 대상을 알아맞힐 수 있도록 잘 설명하는
것이 중요해요. 대상의 특징을 세 가지 정도 찾아보세요.

순서대로 글을 읽으며 설명하는 대상을 찾아보세요. 빈칸에 떠오르는 낱말을 넣어 보세요.

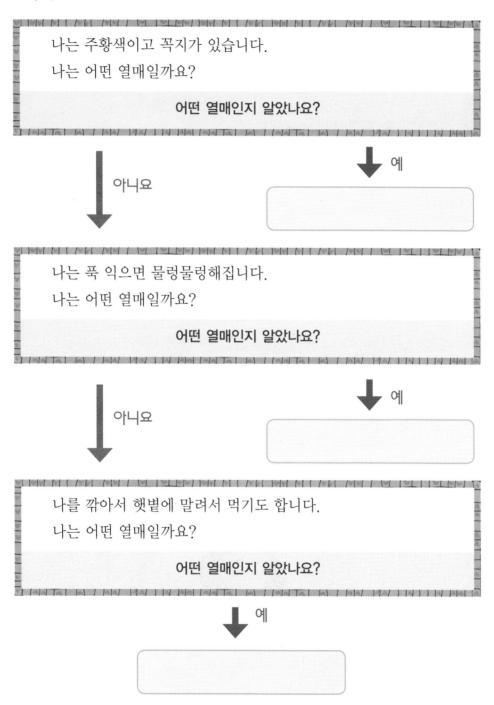

**배울 거리**   일어난 일을 생각하며 글 읽기

### 🍁 이렇게 읽어요

어떤 일이 있었는지 일어난 일을 생각하며 「신나는 토요일」을 읽고 일어
난 일에 대해 글을 쓰는 것에 대해 알아보세요.

### 🍁 선생님과 함께 미리 보는 국어책

# 신나는 토요일

기다리던 토요일 아침이다. 우리 가족은 놀이공원으로 출발했다. 회전
목마를 탈 생각을 하니 마음이 설렜다.

줄이 길어도 회전목마를 탈 생각에 신이 났다. 드디어 회전목마를 탈
차례이다. 엄마와 나는 말 등에 타고, 동생과 아빠는 마차에 탔다. 처음에
는 말이 오르락내리락 움직이는 게 조금 무서웠다. 하지만
시간이 지나니 빙글빙글 돌아가는 것이 재미있었다.

솜사탕을 먹고 있는 친구들이 부러웠다. 내 마음을 아셨는지 엄마께서 솜사탕을 사 주셨다. 공룡 모양의 솜사탕이 달콤했다.

◉ 「신나는 토요일」을 읽고 물음에 답해 보세요.

✽ 언제 있었던 일인가요?

✽ 글쓴이의 가족이 간 곳은 어디인가요?

✽ 놀이공원으로 갈 때 글쓴이의 마음은 어떠했나요?

❶ 슬펐다.　　❷ 실망했다.　　❸ 설렜다.

❹ 걱정스러웠다.　　❺ 편안했다.

✽ 글쓴이는 무엇이 부러웠나요?

가족과 함께 놀이공원에 가 본
경험이 있는지 이야기해 보세요. 일어난
일을 생각하며 글을 읽어 보세요.

「신나는 토요일」을 읽고 누가 무엇을 했는지 정리해 보세요.

'나' 는 무엇을 했나요?

'동생' 은 무엇을 했나요?

'엄마' 는 무엇을 했나요?

'아빠' 는 무엇을 했나요?

「신나는 토요일」에서 일어난 일을 차례대로 정리하며 빈칸에 알맞은 말을 넣어 보세요.

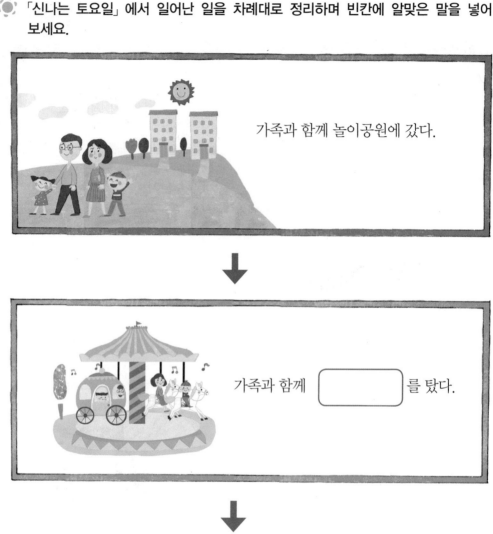

가족과 함께 놀이공원에 갔다.

가족과 함께 [ ]를 탔다.

[ ]을 먹었다.

**배울 거리**   주요 내용에 알맞게 제목 붙이기

🍁 **이렇게 배워요**

인물이 겪은 일을 생각하며 글을 읽고 글의 주요 내용을 찾아 글의 내용에 알맞은 제목을 붙여 보세요. 수희에게 무슨 일이 있었는지 생각하며 글을 읽어 보세요.

🍁 **선생님과 함께 미리 보는 국어책**

제목 _____

　오늘 소방관 아저씨께서 학교에 오셨다.

　아저씨께서는 불이 나면 크게 다칠 수 있다고 말씀하셨다. 그리고 불이 나면 주변에 큰 소리로 알려야 한다고 하셨다. 앞으로 불조심을 해야겠다.

◉ 수희의 글을 읽고 글의 내용을 확인해 보세요.

❋ 수희가 본 것은 무엇인가요?

❋ 수희가 알게 된 점은 무엇인가요?

❋ 글의 내용에 어울리는 제목을 보기 에서 골라 보세요.

보기       불조심       소방관       소방 훈련

❋ 위에서 그렇게 제목을 고른 까닭을 쓰세요.

글을 읽고 알맞은 제목을 붙이려면
글의 주요 내용을 잘 이해하고 있어야 해요.

💠 글의 내용에 알맞은 제목을 붙이고, 그 까닭을 정리해 보세요.

제목 _____

　사람마다 좋아하는 음식이 있습니다. 사람들은 좋아하는 음식을 자주 먹습니다. 그런데 좋아하는 음식만 먹으면 건강이 나빠질 수 있습니다. 좋아하는 음식이 아니더라도 건강을 생각해서 음식을 골고루 먹었으면 좋겠습니다.

| 내가 생각한 제목 | |
|---|---|
| 그렇게 생각한 까닭 | |

제목을 문장처럼 써도 되고 낱말로 써도 되어요.
선생님은 제목을 '음식'이라고 붙였어요. 왜냐하면
음식에 대해 주로 말하고 있기 때문이에요.

◉ 그림을 보고 도서관에 가 본 경험을 떠올려 보세요.

도서관에 가 본 경험을 떠올려 보세요.

◉ 도서관에 다녀온 경험을 생각하며 「도서관 예절」을 읽어 보세요.

## 도서관 예절

　도서관은 여러 사람이 함께 이용하는 곳입니다. 도서관에서는 다른 사람을 위해 조용히 해야 합니다. 자리에 앉을 때는 큰 소리가 나지 않도록 의자를 조심히 옮깁니다. 사서 선생님께 궁금한 것을 여쭈어 볼 때도 소곤소곤 말해야 합니다.

**되돌아보기**  글을 읽고 주요 내용을 파악하는 방법 알기

🍁 **이렇게 배워요**

7단원에서는 인물이나 사건의 중요한 내용을 확인하며 글을 읽는 것에 대해 배웠어요. 글을 읽을 때 인물이 한 일이나 일어난 사건을 떠올려 보고 주요 내용을 정리해 보세요.

◉ 누가 무엇을 했는지 알기 위해 확인해야 하는 것을 색칠해 보세요.

인물의 모습을 살펴보아요.

인물이 한 말을 살펴보아요.

남자인지 여자인지 확인해요.

인물의 행동을 살펴보아요.

◉ 자신이 쓴 글에 알맞은 제목을 붙여 보세요.

학습 목표  글을 바르게 띄어 읽을 수 있어요.

배울 거리  글을 바르게 띄어 읽어야 하는 까닭 알기

🍁 이렇게 읽어요

띄어 읽기 방법을 떠올리며 「추석 명절」을 큰 소리로 읽고 글을 띄어 읽어야 하는 까닭을 생각해 보세요.

🍁 선생님과 함께 미리 보는 국어책

# 추석 명절

추석은 온 가족이 모이는 명절입니다. 곳곳에 사는 친척들이 고향 집으로 옵니다. 오랜만에 만난 친척들은 도란도란 이야기를 나누며 음식을 만듭니다. 예쁜 달 모양을 닮은 송편도 만듭니다. 햇과일과 햇곡식으로 만든 음식은 정성스럽게 차례상에 올리고 가족과 나누어 먹습니다.

◉ 친구들의 대화를 읽고, 글을 띄어 읽어야 하는 까닭을 확인해 보세요.

글을 바르게 띄어 읽으면
어떤 내용인지 정확하게 알 수 있어.

뜻을 쉽게
이해할 수 있어.

글을 바르게 띄어 읽기

### 🍁 이렇게 읽어요

글을 바르게 띄어 읽어야 하는 곳을 찾고, 문장이 끝나는 곳에서 바르게
띄어 읽어 보세요. 친구와 함께 놀았던 경험을 떠올리며 「비사치기」를 읽
어 보세요.

### 🍁 선생님과 함께 미리 보는 국어책

# 비사치기

비사치기는 돌멩이를 이용한 놀이입니다. 먼저 평평하고 잘 세워지는 돌

멩이를 준비합니다. 두 편으로 나누고 땅바닥에 줄을 긋습니다. 가위바위

보를 하여 진 편은 손바닥만 한 돌멩이를 줄 위에 세워 놓습니다. 이긴 편

은 한 사람씩 나와 얼마쯤 떨어진 곳에서 자

신의 돌로 상대편의 돌을 던져 맞히거나

발로 돌을 차서 맞혀

넘어뜨립니다.

세워 놓은

돌멩이를 다

넘어뜨리면

이깁니다.

「비사치기」를 바르게 띄어 읽어 보세요.

문장이 끝나는 곳에서 박수를 치면서 천천히 읽어 보세요.

비사치기는 돌멩이를 이용한 놀이입니다.

먼저 평평하고 잘 세워지는 돌멩이를 준비합니다.

두 편으로 나누고 땅바닥에 줄을 긋습니다.

띄어 읽어야 하는 곳에 ∨를 해 보세요.

# 비사치기

　비사치기는 돌멩이를 이용한 놀이입니다. ∨ 먼저 평평하고 잘 세워지는 돌멩이를 준비합니다. ∨ 두 편으로 나누고 땅바닥에 줄을 긋습니다. ∨ 가위바위보를 하여 진 편은 손바닥만 한 돌멩이를 줄 위에 세워 놓습니다. ∨ 이긴 편은 한 사람씩 나와 얼마쯤 떨어진 곳에서 자신의 돌로 상대편의 돌을 던져 맞히거나 발로 돌을 차서 맞혀 넘어뜨립니다. ∨ 세워 놓은 돌멩이를 다 넘어뜨리면 이깁니다.

**배울 거리**   글을 읽고 무엇을 설명하는지 알기

🍁 **이렇게 읽어요**

글을 읽고 글에서 설명하는 것이 무엇인지 생각하며 「지우개」를 읽어 보세요.

🍁 **선생님과 함께 미리 보는 국어책**

# 지우개

여러분은 어떤 지우개를 가지고 있나요? 지우개는 연필로 쓴 것을 지울 때 씁니다. 지우개의 모양과 색깔은 여러 가지입니다.

흔히 볼 수 있는 지우개는 상자 모양입니다. 그리고 동물 모양, 과일 모양, 막대 모양도 있습니다.

지우개의 색깔도 여러 가지입니다. 흰색, 파란색, 빨간색처럼 한 가지 색으로 된 것도 있지만, 여러 가지 색이 섞인 것도 있습니다.

💠 「지우개」를 읽고 물음에 답해 보세요.

🌸 이 글은 무엇을 설명하고 있나요?

🌸 글 「지우개」 속 내용에 알맞은 것을 선으로 연결하세요.

💠 글을 읽고 설명하는 대상을 찾는 방법에 대해 말해 보세요.

다음 글을 읽고 무엇을 설명하는지 알아보세요.

> 이것은 종이를 자를 때 쓰는 도구입니다. 헝겊이나 나뭇가지, 머리카락을 자를 때 쓰기도 합니다. 이것은 손잡이와 자르는 부분이 있습니다. 손잡이에 손가락을 넣어서 사용합니다.

❀ ⬜에 들어갈 말은 무엇인가요? ⬜

❀ 글 내용에 알맞은 것을 선으로 연결하세요.

| 종이를 자를 때 쓴다. | • | • | 사용 방법 |

| 손잡이와 자르는 부분이 있다. | • | • | 쓰임 |

| 손잡이에 손가락을 넣어서 사용한다. | • | • | 모양 |

> 설명하는 글을 읽으면 설명하는 대상이 무엇인지 알아야 해요.

배울 거리   무엇을 설명하는지 생각하며 글 읽기

🍁 이렇게 읽어요

일상생활에서 무언가를 설명하는 글을 읽을 때는 정확하게 이해하는 것이 중요해요. 무엇을 설명하는지 생각하며 「뿌리를 먹는 채소」를 읽어 보세요.

🍁 선생님과 함께 미리 보는 국어책

# 뿌리를 먹는 채소

뿌리를 먹는 채소는 우리 몸을 튼튼하게 합니다. 뿌리를 먹는 채소에는 무, 고구마, 당근, 양파 등이 있습니다.

무는 소화가 잘되도록 돕고 감기에 걸렸을 때도 좋습니다. 고구마는 소화가 잘되고 살이 찌지 않도록 합니다. 당근에는 눈에 좋은 영양소가 풍부합니다. 양파를 먹으면 쉽게 피곤해지지 않습니다.

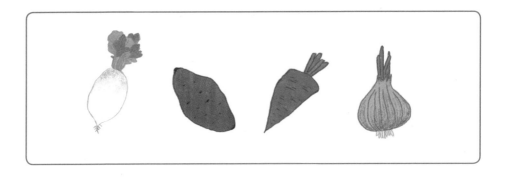

설명하는 글을 읽을 때는 밑줄을 그으며 읽고, 중요한 내용을 생각하며 읽어야 합니다.

「**뿌리를 먹는 채소**」를 읽고 물음에 답해 보세요.

❁ 뿌리를 먹는 채소에는 무엇무엇이 있나요?

❁ 채소의 무엇을 설명하고 있나요?

❁ 새롭게 알게 된 점은 무엇무엇인가요?

❁ 설명하는 내용을 찾아 선으로 이어 보세요.

•          •          •          •

| 눈에 좋다. | 쉽게 피곤 해지지 않는다. | 기침 감기에 좋다. | 비만을 예방한다. |

◉ 무엇을 설명하는지 글에서 찾아 써 보세요.

우리 동네에는 여러 직업을 가진 사람들이 있습니다. 예쁘게 머리를 다듬어 주시는 미용사가 있습니다. 불이 나면 기다란 호스로 물줄기를 쏘아 불을 꺼 주시는 소방관도 있습니다. 비가 오나 눈이 오나 우편물을 전해 주시는 우편집배원도 있고, 몸이 아플 때 우리를 치료해 주시는 의사 선생님도 있습니다. 여러 사람이 모여 우리 동네는 좀 더 살기 좋은 동네가 됩니다.

글의 주요 내용을 찾아보세요.

◉ 글을 읽고 빈칸에 들어갈 알맞은 말을 써 보세요.

| | |
|---|---|
| 예쁘게 머리를 다듬어 주시는 | |
| 불이 나면 불을 꺼 주시는 | |
| 우편물을 전해 주시는 | |
| 몸이 아플 때 우리를 치료해 주시는 | |

◉ 이글에서 설명하는 것이 무엇인지 써 보세요.

→ 이 글은 [　　　　　　]에 대해 설명하고 있습니다.

글을 읽고 설명하는 것이 무엇인지 써 보세요.

추석을 대표하는 떡은 송편입니다. 송편은 솔잎을 깔아서 떡을 쪘기 때문에 붙인 이름입니다. 추석 전날이면 온 가족이 모여 앉아 서로 정답게 이야기를 나누며 송편을 빚었습니다. 사람들은 송편을 빚으며 한 해 동안 거두어들인 농작물에 대해 감사의 마음을 담았습니다.

→ 이 글은 [          ]에 대해 설명하고 있습니다.

옥수수는 여러 곳에 쓰입니다. 옥수수에서 짠 기름은 음식을 볶거나 튀길 때 씁니다. 옥수수를 볶아서 만든 가루는 차로 마십니다. 옥수수로 숯을 만들 수도 있습니다. 또, 옥수수는 종이의 재료가 되기도 합니다.

→ 이 글은 [          ]에 대해 설명하고 있습니다.

글쓴이가 무엇에 대해 알려 주고 있는지 생각해 보고 글에 자주 나오는 말이 무엇인지 살펴보면, 무엇에 관해 설명하는 글인지 쉽게 알 수 있어요.

◉ 내가 좋아하는 동화책을 골라 실감 나게 읽어 보세요.

◉ 책을 실감 나게 읽었는지 확인해 보세요.

| 확인한 내용 | 확인한 결과 |
|---|---|
| 목소리의 크기를 알맞게 하여 읽었나요? | 예    아니요 |
| 장면을 떠올리며 읽었나요? | 예    아니요 |
| 이야기 속에 나오는 사람처럼 읽었나요? | 예    아니요 |

> 글을 실감 나게 읽기 위해서는 목소리의 크기를 알맞게 하고 읽어야 합니다. 또 장면을 떠올리며 읽고 이야기 속에 나오는 사람이 되어 읽어야 합니다. 장면에 어울리는 표정과 몸짓을 하며 읽는 것도 좋아요. 글을 실감 나게 읽으면 이야기가 훨씬 재미있어 지고 읽는 것이 신나고 즐거워져요.

**되돌아보기** 글을 바르게 띄어 읽기

🍁 **이렇게 배워요**

8단원에서는 글을 바르게 띄어 읽어야 하는 까닭, 글을 바르게 띄어 읽는 방법, 글을 읽고 무엇을 설명하는지를 알기에 대해 배웠어요. 배운 내용을 떠올리며 생활 속에서 실천해 보세요.

🌐 **글을 바르게 띄어 읽어 보세요.**

> 벼는 쌀이 열리는 식물입니다. 잘 여문 벼의 열매 껍질을 벗기면 쌀이 나옵니다. 세계 사람들 절반 가까이가 쌀밥을 먹고 삽니다.
> 봄이 되면 농부들은 논에 물을 대고 벼를 심습니다. 벼는 물속에서 뿌리를 내리고 자랍니다. 벼는 여름내 햇빛을 받으며 자라다가 가을에는 누렇게 변하면서 익습니다. 익은 벼는 낟알이 척 늘어집니다.

🌐 **글을 그냥 읽는 것과 실감 나게 읽기 방법 중 어떤 것이 더 재미있고 왜 그런지 까닭을 생각하여 보세요.**

**학습 목표**　무엇을 설명하는지 생각하며 글을 읽을 수 있어요.

**배울 거리**　글쓴이가 겪은 일 알기

🍁 **이렇게 배워요**

시간의 변화에 따라 다솜이가 겪은 일을 알고 정리하는 활동을 해 보세요.

🍁 **선생님과 함께 미리 보는 국어책**

다솜이의 하루 생활을 살펴보세요.
날씨는 어떻게 변했는지 어떤 일들이 있었는지를 알아보세요.
시간의 변화에 따라 다솜이가 한 일을 정리해 보세요.

자신이 다솜이라면 어떤 일을 골라 글로 쓸지 말해 보세요.

다솜이에게 있었던 일을 시간 순서대로 살펴보세요.

| 아침 | • 비가 올 것 같아서 우산을 가져갔다.<br>• 아침 등굣길에 친구를 만났다. |
| 낮 | • 음악 시간에 노래를 불렀다.<br>• 미술 시간에 그림을 그렸다. |
| 오후 | • 학교를 마치고 집으로 돌아왔다.<br>• 수족관에 가서 물고기를 샀다. |

내가 만약 다솜이가 되어 일기를 쓰게 된다면
다솜이가 겪은 일 가운데에서 어떤 일을 고를지 생각해 보세요.
그리고 그 일을 고른 까닭도 생각해 보세요.

학교를 갔다가 돌아오는 동안 여러 가지 일이
있었을 거예요. 시간 순서를 생각하면서 하루
일을 정리해 보면 있었던 일이 떠오를 거예요.

있었던 일을 떠올려 보고 만난 사람들이
누구였는지 떠올려 봐요. 일어난 모든 일,
만난 사람들이 좋은 글감이 될 수 있어요.

다솜이가 쓴 일기를 살펴보세요.

| 10월 16일 월요일 | 날씨 : 흐림 |

제목: 내 친구 단풍

물고기를 샀다. 물고기에 '단풍'이라는 이름을 지어 주었다. 물고기가 단풍처럼 빨갛기 때문이다. 이제부터 날마다 단풍이에게 먹이도 주고, 단풍이와 대화도 하면서 사이좋게 지낼 것이다.

다솜이는 어떤 일을 골라 일기를 썼나요?

다솜이와 같이 겪은 일을 글로 쓴 경험을 떠올려 보세요.

| 가족 간에 있었던 일 | 학교에서 있었던 일 |
| --- | --- |
| 친구와 있었던 일 | 좋아하는 일 |

**배울 거리**   겪은 일이 잘 드러나게 말하기

🍁 **이렇게 배워요**

반에서 함께 겪은 일을 떠올려 보고, 생각이나 느낌이 잘 드러나게 겪은
일을 말하는 연습을 해 보세요.

🍁 **선생님과 함께 미리 보는 국어책**

⦿ 겪은 일을 이야기할 때는 무엇을 말해야 할지 친구들과 이야기해 보세요.

겪은 일에 대한 생각이나
느낌을 말할 수 있어.

언제 누구와 어떤 일을 했는지
드러나야 할 것 같아.

더 말하고 싶은 내용을
생각해 말하는 것도 좋아.

 입학식은 언제 있었어?

 봄에 있었던 일이야.

 좀 더 자세히 말해 줘.

 3월 초였지만 날씨가 아직 쌀쌀할 때였어.

 현장 체험 학습을 언제 갔지?

 지난 5월, 민들레 필 무렵 현장 체험 학습을 갔어.

 어디로 갔더라?

 국립중앙박물관으로 갔어.

**배울 거리**　겪은 일에 대한 생각이나 느낌 나누기

### 🍁 이렇게 배워요

생각이나 느낌을 나타내는 여러 가지 표현을 알고 겪은 일에 대한 자신의 생각이나 느낌을 말해 보는 연습을 해 보세요. 다음과 같은 일을 겪는다면 어떤 생각이나 느낌이 들지 말해 보세요.

### 🍁 선생님과 함께 미리 보는 국어책

운동회 때 달리기를 했다. 내 차례가 되자 긴장되어 가슴이 떨렸다. 열심히 달렸지만 일 등을 하지 못해 아쉬웠다. 그래도 달리기는 신난다.

긴장되는 마음 ➡ 아쉬운 마음 ➡ 즐거운 마음

동생이랑 놀이터에서 모래 장난을 하며 재미있게 놀고 있었다. 그러다가 동생이 뿌린 모래가 내 눈에 들어갔다. 나는 눈이 따갑고 아파서 동생에게 화를 냈다. 동생은 엉엉 울었다. 동생을 울렸다고 엄마한테 꾸중을 들었다. 동생이 먼저 잘못한 건데 나만 꾸중을 들어서 억울했다.

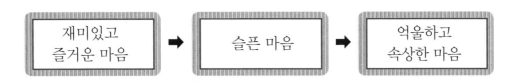

재미있고
즐거운 마음 ➡ 슬픈 마음 ➡ 억울하고
속상한 마음

다음 글을 읽고 겪은 일에는 파란색, 생각이나 느낌에는 빨간색으로 밑줄을 그어
보세요.

가게 놀이를 했다. 모둠마다 가게를 만들었다. 우리 모둠은 장난감 가게를 꾸몄다. 나는 물건을 파는 사람을 했다. 도깨비 인형도 팔고, 변신 로봇도 팔았다. 내 물건이 팔릴 때 기분이 좋았다. 다음에는 물건을 사는 사람도 해 보고 싶다.

가게 놀이를 하면서 일어났던 일을 떠올려 봐요.
겪은 일, 생각이나 느낌을 정리해 보세요.

생각이나 느낌을 나타내는 여러 가지 표현을 써 보세요.

◉ 겪은 일이 잘 드러나게 말하는 방법으로 알맞은 것을 찾아 ○표 하세요.

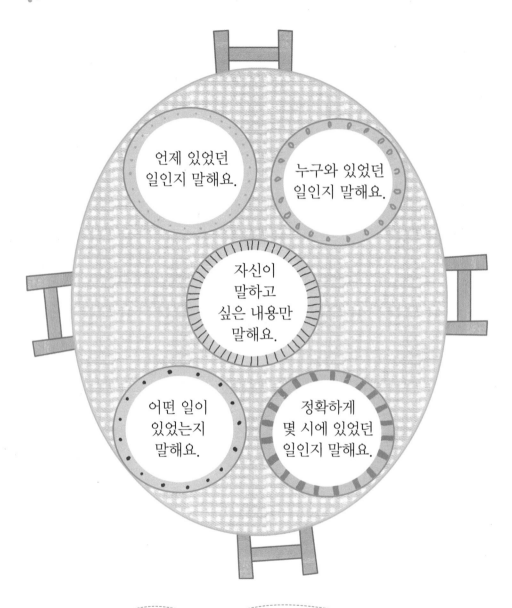

언제 있었던 일인지 말해요.

누구와 있었던 일인지 말해요.

자신이 말하고 싶은 내용만 말해요.

어떤 일이 있었는지 말해요.

정확하게 몇 시에 있었던 일인지 말해요.

겪은 일이 잘 드러나게 말하려면 언제, 어디서, 누구와, 어떤 일이 있었는지 말해요. 그리고 그때 자신의 느낌도 함께 말해야 해요.

◉ 호랑이가 궁금해하는 것에 대한 알맞은 대답을 떠올려 보세요.

◉ 겪은 일이 잘 드러나게 말한 동물을 찾아 ○표 하세요.

 선생님이 미술 시간에 그림을 잘 그렸다고 말씀해 주셨어.

 선생님이 어제 잘했다고 칭찬해 주셨어.

**배울 거리**  겪은 일이 잘 드러나게 글 쓰기

### 🍁 이렇게 배워요

일이 일어난 순서를 잘 정리해 보고 알맞은 제목을 정하여 겪은 일이 잘 드러나게 글을 쓰는 방법에 대해 생각해 보세요. 지호가 겪은 일을 읽어 보세요.

### 🍁 선생님과 함께 미리 보는 국어책

# 지호가 겪은 일

나는 체육 활동 시간에 친구들과 운동장에서 달리기를 했다. 모둠을 나누어 이어달리기를 했다. 우리 모둠은 4등을 했다. 4등은 꼴찌 모둠이다. 나는 힘들게 달렸는데도 꼴찌를 한 것이 실망스러워 아무 말도 하지 않고 있었다. 그런데 친구들이 "힘내! 다음 기회가 있잖아."라고 말해 주어서 다시 기분이 좋아졌다.

◉ 지호가 겪은 일을 정리해 보세요.

| | |
|---|---|
| 언제 있었던 일인가요? | |
| 어디에서 있었던 일인가요? | |
| 친구들이 한 말은 무엇인가요? | |
| 어떤 생각이나 느낌이 들었나요? | |

◉ 지호가 한 일을 보기 에 있는 말을 넣어 시간 순서에 맞게 정리해 보세요.

| | |
|---|---|
| 1 | 운동장에서 ( )를 했다. |
| 2 | 지호네 모둠이 ( )를 했다. |
| 3 | 지호는 ( ) 아무 말도 하지 않았다. |
| 4 | ( ) 위로해 주어서 기분이 좋아졌다. |

| 보기 | 실망스러워    꼴찌    이어달리기    친구들이 |
|---|---|

◉ 지호가 겪은 일에 알맞은 제목을 붙여 보세요.

| 제목 | 그렇게 생각한 까닭 |
|---|---|
| | |

일기에 대해 알아보고 가장 쓰고 싶은 일을 일기로 써 보세요.

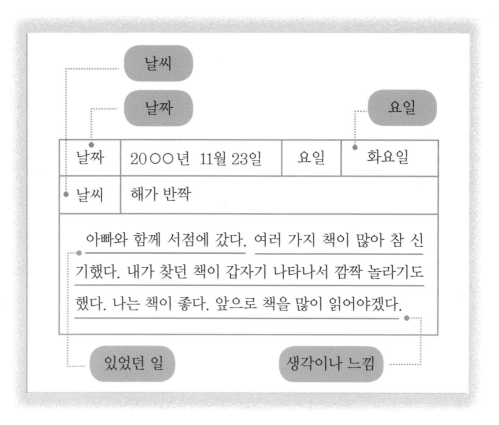

| 날짜 | 20○○년 11월 23일 | 요일 | 화요일 |
|---|---|---|---|
| 날씨 | 해가 반짝 | | |

아빠와 함께 서점에 갔다. 여러 가지 책이 많아 참 신기했다. 내가 찾던 책이 갑자기 나타나서 깜짝 놀라기도 했다. 나는 책이 좋다. 앞으로 책을 많이 읽어야겠다.

있었던 일          생각이나 느낌

🌸 글쓴이가 겪은 일은 무엇인가요?

🌸 어떤 생각이나 느낌이 들었나요?

일기를 쓸 때에는
쓴 날짜, 쓴 요일, 날씨, 있었던 일,
생각이나 느낌이 들어가야 해요.

**되돌아보기**  겪은 일을 일기로 쓰기

🍁 **이렇게 배워요**

9단원에서는 글쓴이가 겪은 일 알아보기, 겪은 일이 잘 드러나게 말하기, 겪은 일에 대한 생각이나 느낌 말하기, 겪은 일이 잘 드러나게 글을 쓰는 것에 대해 배웠어요. 배운 내용을 떠올리며 생활 속에서 실천해 보세요.

💮 겪은 일을 일기로 쓸 때에는 어떤 내용이 들어가야 할지 알맞은 말에 O표 해 보세요.

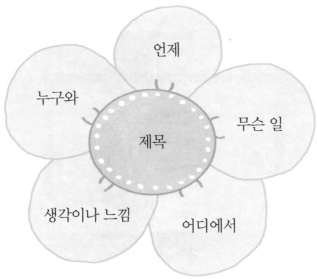

💮 일기를 쓴 후에 다음 내용을 확인해 보세요.

| 확인한 내용 | 확인한 결과 |
| --- | --- |
| 알맞은 제목을 붙였나요? | 예    아니요 |
| 겪은 일이 잘 드러났나요? | 예    아니요 |
| 생각이나 느낌이 잘 드러났나요? | 예    아니요 |

준비하기

학습 목표　인물의 모습과 행동을 상상하며 이야기를 즐길 수 있어요.

배울 거리　만화 영화를 보고 재미있는 장면 말하기

🍁 이렇게 배워요

좋아하는 만화 영화 영상을 집중해서 보면서 내용을 파악해 보고 재미있는 장면을 말해 보세요. 상상하는 경험을 통해 만화 영화와 이야기에 대해 흥미를 가질 수 있을 거예요.

🍁 선생님과 함께 미리 보는 국어책

재미있는 만화 영화가 있나요?
그 만화의 등장인물을 떠올려 보고 어떤 장면이
재미있는지 이야기해 보세요.

**배울 거리**  이야기를 읽고 인물의 모습과 행동 상상하기

🍁 **이렇게 배워요**

인물의 모습과 행동을 상상하며 이야기를 읽으면 이야기가 더 재미있고 인물이 한 일과 그 마음을 잘 이해할 수 있어요. 이야기를 읽고 이야기 속에 등장하는 인물의 모습과 행동을 상상해 보는 활동을 해 보세요.

🍁 **선생님과 함께 미리 보는 국어책**

◉ 이야기 속 인물의 모습이나 행동을 떠올리며 몸짓 도미노 놀이를 해 보세요.

## 놀이 방법

❶ 어떤 인물을 어떤 동작으로 표현할지 생각합니다.

❷ 모둠 내에서 시작할 사람을 정합니다.

❸ 시작하는 사람은 인물의 모습이나 행동을 몸짓으로 표현합니다.

❹ 다른 친구들은 도미노처럼 앞사람의 행동을 그대로 따라 이어서 표현합니다.

❺ 도미노가 끝나면 이것이 어떤 모습을 표현한 것인지 말합니다.

❻ 정해진 순서대로 모든 사람이 한 번씩 역할을 바꾸어 놀이합니다.

**배울 거리**  이야기 속 인물의 말과 행동 따라 하기

🍁 **이렇게 읽어요**

이야기의 상황과 인물의 기분을 파악해 표현해 봄으로써 이야기 속 인물을 한층 더 깊이 이해할 수 있으며 이야기를 더 재미있게 즐길 수 있어요. 「달과 공주」를 읽고 인물의 말과 행동을 따라해 보세요.

🍁 **선생님과 함께 재미있게 읽어 보는 이야기**

# 달과 공주

공주는 달을 갖고 싶었어요. 엄마, 아빠에게 달을 따 달라고 말했지요. 왕과 왕비는 공주가 원하는 것은 무엇이든지 다 들어주었지만 달은 어떻게 해야 될지 몰랐어요.

모든 사람들이 공주에게 달을 가질 수 없다고 말했어요.

어느 날 광대가 공주에게 물었어요.

"공주님, 달이 어떻게 생겼지요?"

공주는 말했어요.

"그걸 몰라? 달은 동그랗게 생겼지."

"그러면 달은 얼마나 큰가요?"

"바보, 그것도 몰라? 달은 내 손톱만 하지, 달이 떴을 때 보면 손톱으로 딱 가려지거든."

"그럼 달은 무슨 색인가요?"

공주는 말했어요.

"황금빛이지."

광대는 왕에게 공주와 나눈 이야기를 했어요. 왕은 손톱만 한 크기의 황금

구슬을 만들어 공주의 목에 걸어 주었어요.

기뻐하는 공주에게 광대가 물었어요.

"공주님 목에 달이 있는데 또 다른 달이 뜰까요?"

공주가 한심하다는 듯이 말했어요.

"당연하지. 이를 빼면 새 이가 또 나오지?

달도 마찬가지야. 밤하늘에 예쁜 달이

또 뜰 거야."

그날 밤, 예쁜 달이 공주의 방 창밖에 떴어요.

「달과 공주」를 읽고 　보기　 에 있는 말을 넣어 일이 일어난 과정을 순서대로 써
보세요.

| 보기 | 창밖으로 | 광대 | 달 | 달 목걸이 |

| | |
|---|---|
| 1 | 공주가 (　　　　　)을 갖고 싶어 했다. |
| 2 | (　　　　　)가 공주를 만나 달에 대해 물었다. |
| 3 | 왕이 공주에게 (　　　　　)를 걸어 주었다. |
| 4 | 그날 밤 공주의 방 (　　　　　) 예쁜 달이 떴다. |

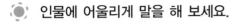 실천 학습

인물에 어울리게 말을 해 보세요.

홍부가 다리가 부러진 제비를
안고 무슨 말을 했을까요?

인물에 어울리게 말을 해 보세요.

백설공주에 나오는 왕비예요. 왕비는 거울을 보고 무슨 이야기를 했을까요?

저 미운 오리를 좀 봐.

목욕을 하니까 기분이 좋아.

이야기 속 인물에 따라 목소리 크기가 모두 다르겠지요?

인물의 목소리가 어떨지 상상해 보며 인물에 어울리게 말을 해 보세요.

내가 이야기 속 인물이라면 어떻게 이야기할까 생각해 보세요.

◎ 몸으로 동화 삽화를 만들어 보세요

❶ 네 명을 한 모둠으로 구성하고, 모둠별로 동화의 한 장면이 쓰인 쪽지를 뽑습니다.

❷ 역할을 정하고 정지 동작으로 어떻게 표현할지 생각해 보고, 순서를 정합니다.

❸ 친구들이 모두 앞으로 나와「그대로 멈춰라」노래에 맞추어 춤을 추다가 한 명씩 정지 동작을 표현합니다. 마지막에는 간단한 대사도 말해 줍니다.

❹ 나머지 친구들이 무슨 동화인지 알아맞혀 봅니다.

인물의 모습을 여러 가지
몸짓으로 나타낼 수 있어요.

**되돌아보기** 인물의 말과 행동을 실감 나게 따라해 보기

🍁**이렇게 배워요**

10단원에서는 인물의 모습과 행동을 상상하고 인물의 말과 행동을 따라 하기, 인물에 어울리게 말과 행동하기에 대해 배웠어요. 배운 내용을 떠올리며 생활 속에서 실천해 보세요.

◉ **인물의 말과 행동을 실감 나게 따라해 보세요.**

◉ **이야기 속 인물의 말과 행동을 표현해 보고 확인해 보세요.**

| 확인한 내용 | 확인한 결과 |
|---|---|
| 자신 있게 표현했나요? | 예     아니요 |
| 인물의 목소리를 실감 나게 흉내 내었나요? | 예     아니요 |
| 인물의 행동을 상황에 맞게 흉내 내었나요? | 예     아니요 |

예시 답안

## 1. 소중한 책을 소개해요

**14쪽**

**15쪽**

실, 쌀, 활, 바늘, 책, 먹, 벼루 등 / 아기가 집는 물건의 특징에 빗대어 아기의 장래와 성격을 짐작해 보기 위해서입니다. / 실-오래 살 거라고 생각함, 쌀-재산을 많이 모을 거라고 생각함, 활-장수가 될 거라고 생각함, 바늘-손재주가 뛰어날 것이라고 생각함, 책, 먹, 벼루-공부를 잘할 거라고 생각함. / 생략

**17쪽**

볼링공 / 탁구공 / 농구공 / 테니스공

## 2. 소리와 모습을 흉내 내요

**25쪽**

빙글빙글 / 흔들흔들 / 팡팡

**26쪽**

주렁주렁 / 반짝반짝

**27쪽**

쑥쑥 / 주룩주룩 / 쨍쨍 / 활짝

**28쪽**

반짝반짝 / 훌쩍훌쩍 / 까르르르

### 30쪽

벌렁벌렁, 삑, 다다다다, 씽씽, 헉헉헉

벌렁벌렁 / 삑 / 다다다다 / 헉헉헉

### 36쪽

통일 / 미역 / 기차 / 이사 / 판자

### 37쪽

과일, 일기 / 곤드레, 레몬 / 글씨, 씨앗 / 기구, 구조

### 39쪽

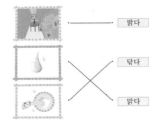

## 3. 문장으로 표현해요

### 41쪽

응원을 / 남자아이가 / 준비를

### 42쪽

합니다 / 한 아이가 / 자기편을

### 47쪽

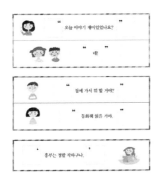

**49쪽**

④ / 남자아이가 말을 우물쭈물해서 무슨 말을 하는지 못 알아들었기 때문입니다. / 생략

**51쪽**

엄마, 더워요 / 엄마, 더워요. 창문을 열어 주세요. ㅇ

**52쪽**

아이스크림, 먹어 / 아이스크림, 먹어, 찢어질

**54쪽**

가을 / 호수가 있는 공원 / 가족이 있어요. 아버지, 어머니, 남자아이, 여자아이가 있어요. /
가족들이 밥을 먹고 있어요. / 굉장히 즐겁고 행복해 보여요.

**55쪽**

동생이, 웃습니다 / 잔잔합니다, 배를 / 나무가, 떨어집니다

**58쪽**

색칠하기-사자는 정말 지혜로워요. 여기에 있는 잎을 먹고 싶어요. 원숭이는 나뭇잎을 좋아해요.
책이 재미있어요. 기린은 잠을 자고 싶어 해요.


## 4. 자신 있게 말해요

**62쪽**

사, 아 / 가, 나, 다, 라, 마, 바

**62쪽**

친구끼리 장난을 치면 안 됩니다. (O)

선생님 허락 없이 다른 곳으로 가면 안 됩니다. (O)

신기한 것을 발견하면 바로 뛰어갑니다. (X)

선생님이 설명하실 때 자기 말을 하면 안 됩니다. (O)

선생님이 말씀하시기 전에 내가 하고 싶은 말을 먼저 다 합니다. (X)

선생님을 바라보며 설명을 귀담아 듣습니다. (O)

**64쪽**

앞에 앉은 여자아이와 남자아이

**65쪽**

뒤에 앉은 여자아이와 남자아이

**66쪽**

가운데 아이 ○ / 자세를 바르게 하고 귀 기울여 이야기를 듣는다는 뜻입니다. ( ○ )

**71쪽**

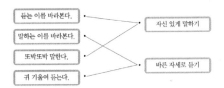

## 5. 알맞은 목소리로 읽어요

**72쪽**

젓가락은 똑같이 생긴 두 개가 짝이기 때문입니다.

윷가락은 똑같이 생긴 나무토막 네 개가 짝이기 때문입니다.

**74쪽**

아빠 구두 두 짝이 / 엄마 귀걸이 두 개가

**77쪽**

**79쪽**

다급함이 느껴지는 목소리로 빠르게 / 바쁜데 자꾸 물어본다는 느낌의 퉁명스러운 목소리로

**80쪽**

크고 분명한 목소리로 감사함이 드러나게

**85쪽**

알맞은 크기로 읽어요. ○ 인물의 마음을 생각하며 읽어요 ○ 알맞은 **빠르기**로 읽어요. ○ 장면을 떠올리며 읽어요. ○

## 6. 고운 말을 해요

**89쪽**

장난감이 망가져서 너무 속상해. / 장난감을 망가뜨려서 미안해.

**90쪽**

부러워요

**91쪽**

슬퍼요 혹은 화나요 / 미안해요

**92쪽**

오늘 예쁘게 입고 왔네. ○ / 내가 도와줄까? ○

**93쪽**

내가 열심히 만든 건데 네가 이렇게 해서 너무 속상해. ○ / 긴장이 되어 그러니까 조금 더 기다려 줘. ○

**96쪽**

미안하지만 나 지금 숙제해야 하거든. 다음에 같이 놀자. / 그림이 망가져서 속상하지만 괜찮아.

**97쪽**

## 7. 무엇이 중요할까요

### 100쪽
다람쥐

### 102쪽
원숭이 / 시계 / 참외

### 103쪽
토마토, 오렌지, 감, 귤 / 토마토, 감 / 감

### 106쪽
토요일 / 놀이공원 / ③ / 솜사탕을 먹고 있는 친구들

### 107쪽
회전목마의 말을 탔습니다. 공룡 모양 솜사탕을 먹었습니다. / 회전목마의 마차를 탔습니다.
회전목마의 말을 탔습니다. 솜사탕을 사 주셨습니다. / 회전목마의 마차를 탔습니다.

### 108쪽
회전목마 / 솜사탕

### 110쪽
소방관 아저씨께서 소방차를 타고 오신 것을 보았습니다.
불이 나면 주변에 큰 소리로 알려야 한다는 것을 알았습니다. / 생략
소방관 아저씨께서 학교에 오신 일을 써서 '소방관' 으로 골랐어.
불조심에 대해 배웠기 때문에 '불조심' 으로 골랐어.
학교에서 소방 훈련을 한 일을 썼기 때문에 '소방 훈련' 으로 골랐어.

### 111쪽
음식을 골고루 먹어야 합니다. / 음식을 골고루 먹어야 한다는 이야기가 주요 내용이기 때문입니다.

### 113쪽
색칠하기-인물이 한 말을 살펴보아요. 인물의 행동을 살펴보아요.

## 8. 띄어 읽어요

### 118쪽

지우개

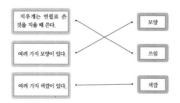

### 119쪽

가위

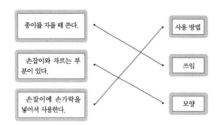

### 121쪽

무, 고구마, 당근, 양파가 있습니다. / 채소의 특징을 설명합니다. / 뿌리를 먹는 채소의 좋은 점을 알게 되었습니다. 채소가 몸에 좋다는 것을 알게 되었습니다.

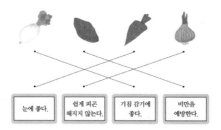

### 122쪽

미용사 / 소방관 / 우편집배원 / 의사 선생님 / 직업

### 123쪽

송편 / 옥수수

**125쪽**

그냥 읽기보다 실감 나게 읽기가 더 재미있습니다. 그 까닭은 목소리가 생생하고 표정이 재미있기 때문입니다. 그리고 동작을 같이하고 글의 내용에 맞는 자세를 하기 때문에 재미있습니다. 또 이야기 속에 들어간 것 같은 느낌이 들어서 더욱 재미있습니다.

## 9. 겪은 일을 글로 써요

**129쪽**

수족관에 가서 물고기를 산 일

**134쪽**

파란색 밑줄-가게 놀이를 했다. 모둠마다 가게를 만들었다. 우리 모둠은 장난감 가게를 꾸몄다. 나는 물건을 파는 사람을 했다. 도깨비 인형도 팔고, 변신 로봇도 팔았다.
빨간색 밑줄-내 물건이 팔릴 때 기분이 좋았다. 다음에는 물건을 사는 사람도 해 보고 싶다.

**136쪽**

언제 있었던 일인지 말해요. ○ 누구와 있었던 일인지 말해요. ○ 어떤 일이 있었는지 말해요. ○

**137쪽**

집에서 엄마가 해 주신 불고기를 먹었어. / 사슴이랑 놀이터에서 신나게 놀았어.
돼지-선생님이 미술 시간에 그림을 잘 그렸다고 말씀해 주셨어. ○

**139쪽**

체육 활동 시간에 / 운동장에서 / 힘내! 다음 기회가 있잖아. / 실망스러웠다가 기분이 좋아졌다.
1. 이어달리기 2. 꼴찌 3. 실망스러워 4. 친구들이
제목-즐거운 체육 활동 시간, 고마운 친구들
그렇게 생각한 까닭-체육 활동 시간에 있었던 즐거운 일이기 때문입니다.
지호를 위로한 친구들에게 고마운 마음이 들었기 때문입니다.

**140쪽**

서점에 갔습니다. / 여러 가지 책이 많아 신기했습니다. 찾던 책이 갑자기 나타나서 깜짝 놀랐습니다.
책을 더 많이 읽어야겠다고 다짐했습니다.

**141쪽**

색칠하기-제목, 언제, 누구와, 생각이나 느낌, 무슨 일, 어디에서

## 10. 인물의 말과 행동을 상상해요

### 146쪽

1. 달 2. 광대 3. 달 목걸이 4. 창밖으로

### 147쪽

아이고 가엾어라. 다리가 부러졌구나. / 흑흑, 항아리가 깨져 있네. 어떡하지?

### 148쪽

거울아 거울아, 세상에서 누가 제일 예쁘니? / 모두 나를 싫어해.

### 149쪽

이 옷을 가지고 가야겠다. 이 옷을 훔치면 선녀를 아내로 얻을 수 있다고 했어.